中国开放获取出版发展报告2022

Open Access Publishing in China (2022)

中 国 科 学 技 术 协 会
国际科学、技术与医学出版商协会
联合编写

科 学 出 版 社
北 京

内容简介

《中国开放获取出版发展报告（2022）》由中国科学技术协会与国际科学、技术与医学出版商协会（STM）联合编写，是中国推进开放科学实践的一项重要举措。双方秉承独立、客观的原则，实事求是地搜集数据、查找文献、剖析问题、总结规律，梳理不同国家和地区各具特色的开放获取政策与实践，展现丰富多彩的开放获取出版生态，探讨面临的多种多样的现实问题，为读者全面了解国际开放获取发展演变和中国的发展进程提供一手的数据和详实的资料。

图书在版编目（CIP）数据

中国开放获取出版发展报告(2022) / 中国科学技术协会, 国际科学、技术与医学出版商协会联合编写. —北京 : 科学出版社, 2023.1

ISBN 978-7-03-074595-8

Ⅰ. ①中… Ⅱ. ①中… ②国… ③技… Ⅲ. ①出版工作—研究报告—中国—2022 Ⅳ. ①G239.2

中国版本图书馆CIP数据核字(2022)第255194号

责任编辑：王　治　祁　媛 / 责任校对：孙　青

责任印制：关山飞 / 封面设计：姚奋强

科学出版社出版

北京东黄城根北街16号

邮政编码: 100717

http://www.sciencep.com

北京科信印刷有限公司 印刷

科学出版社发行　　各地新华书店经销

*

2023年1月第　一　版　　开本：720 × 1000 1/16

2023年1月第一次印刷　　印张：7 1/4

字数：120 000

定价：98.00元

（如有印装质量问题，我社负责调换）

序一

随着新一轮科技革命的兴起和数字化、网络化、智能化技术的广泛应用，科技与经济、社会、文化、生态文明发展加速渗透融合，开放合作已经成为破解重大科技问题、驱动人类社会向前发展的必然选择。在此背景下，科学研究与学术交流迎来了范式创新，以开放获取为代表的开放科学运动迅速兴起、蓬勃发展，其实践模式也不断丰富和完善。2021年11月，联合国教科文组织发布《开放科学建议书》，呼吁世界各国致力于更加开放、透明、协作和包容的科学实践，充分彰显出开放科学已经成为国际共识。

中国是科研成果产出大国，也是全球开放科学的重要参与力量。近年来，中国的科技界、出版界已经深度融入全球开放科学实践，在开放获取论文、开放共享数据、开放科学设施建设和开放出版国际合作等方面积极探索。2011—2021年，中国科研人员每年发表的国际论文中，开放获取论文的数量从2.5万余篇增长到23.8万余篇，占比从15.8%增至37.8%，平均年增长率为25.2%。中国科协作为中国200多家科技社团的联合组织，愿意与全球科技共同体携手并进，构建多元协同机制，搭建科技期刊交流平台，开展学术出版传播合作，推动开放获取出版转型，努力增进开放科学跨界协作和多元实践。

本次与国际科学、技术与医学出版商协会（STM）联合编写《中国开放获取出版发展报告（2022）》（以下简称《报告》），是中国科协推进开放科学实践的一项重要举措。双方秉承独立、客观的原则，实事求是地搜集数据、查找文献、剖析问题、总结规律，为各方全面了解国际开放获取发展演变和中国的发展进程提供了一手的数据和详实的资料。

基于系统深入的调查和分析，《报告》显示不同国家和地区各具特色的开放获取政策与实践，形成了丰富多彩的开放获取出版生态，也面临多种多样的现实问题。各利益相关方应进一步深化合作，弥合分歧，凝聚共识，积极探索更加富有活力、可持续的开放获取出版体系，构建开放科学环境下国际学术治理的新模式、新机制。

开放科学不仅是科研范式和科技治理的重大革命，也是全球学术出版系统转型升级的重大机遇。中国科协将持续团结中国科技界、期刊出版界，探索适合中国国情的开放获取出版解决方案。中国科协也将始终秉持开放、信任、合作的理念，与全球学术界、出版界携手，弘扬开放科学文化，推进开放获取实践，营造开放共享生态，促进数据、成果和知识等更快、更广、更充分地传播和利用，让科学研究成果惠及更多国家和人民，为推动构建人类命运共同体作出更大贡献。

张玉卓

中国科协党组书记、分管日常工作副主席、书记处第一书记

序二

作为一个全球性的出版行业协会，国际科学、技术与医学出版商协会（STM）力求为世界各地的会员提供支持。我们致力于为会员和其他利益相关者提供新知识，以架起理解的桥梁，实现真正满足研究人员需求的成功解决方案，无论他们身在何处。

在全球范围内，我们看到越来越多的开放获取研究出版物和更广泛的开放研究实践的趋势。这种转变有时被说成好像世界上所有国家和地区都在从同一起点向开放获取迈进，并会有共同的轨迹和采取共同的解决方案。类似地，人们使用与开放获取相关的概念，也是基于这些概念被普遍理解的假设。然而，出版实践的演变存在很大的差异，理解这些差异并对它们保持敏感是很重要的。

来自中国的研究人员在全球整体研究产出中所占的比例越来越大。中国的科学研究成果既发表在中国期刊上，也发表在国外期刊上，使中国成为科技出版的重要市场。2021年，STM与中国科协签署了一份谅解备忘录，展开了一系列讨论，中国科协和STM表达了弥合知识差距的共同愿望。除其他承诺外，双方同意“将分享有关中国和全球STM行业发展信息，并在必要时合作编制行业报告。”这份《中国开放获取出版发展报告（2022）》（以下简称《报告》）是迄今为止STM与中国科协最重要的合作项目之一。

《报告》的核心是真诚希望建立起跨地域的理解。对于那些想了解开放获取出版及其相关概念最新概况的读者来说，这是一本必读之书，因为这些在北美洲和欧洲已经发展起来了。《报告》也让中国以外的出版商和利益相关者能深入了解中国的本土出版情况、开放获取出版在中国的进展、它是如何被理解的以及它的发展轨迹。《报告》还提供了对中国研究人员出版实践的洞察。尽管该《报告》未给出大量结论或提出建议，但它确实表明中国作者正在将金色开放获取作为主要的开放获取出版模式。这将对服务于中国研究人员的出版机构产生重要影响。

STM感谢双方编辑团队共同收集数据、进行分析、仔细审查文献并撰写报告。最终版本的许多草稿都在中英文之间来回翻译，以确保准确性并测试不同文化之间概念的清晰度。最终，该《报告》不仅是一个有价值的信息来源，而且其背后的过程也是跨语言、地域和文化的真正合作和相互尊重的一个强有力的例子。

作为STM的CEO，我将很荣幸能够广泛分享这份报告，并期待STM与中国科协进一步合作。

Caroline Sutton

国际科学、技术与医学出版商协会首席执行官

前言

学术传播生态系统是复杂的，出版研究成果供国际读者获取也是如此。为了广大研究人员和学界的利益，出版的成本和用于各工作流程的投入必须要有保障。随着完全开放获取论文数量的增长，出版模式也在不断发展变化。对出版成本的补偿正在从期刊层面的订阅和许可阅读，转向按单篇论文支付的出版费用。随着开放获取出版在全球范围内的增长，中国也在向开放获取转型，其出版机构正经历着与国际出版商类似的变化和挑战。

基于这些原因，中国科协和STM决定合作编写本报告，并得出了一些初步结论。报告分为4章，概述如下。

全球范围的开放获取实践

本章介绍了开放获取的缘起和不同实现方式，给出了开放获取各出版模式的定义及其相应的资助方式。

开放获取是指读者可以免费获取已出版的学术内容，并在版权许可、保护作者权利和保持学术文献完整性的前提下，允许一系列的重复使用。在论文层面，金色开放获取是指正式发表的论文在期刊网站一发布就可以立即被公开阅读；绿色开放获取是指已经录用的稿件或正式版本立刻或时滞期之后可通过知识库或其他平台供公众在线获取，又没有以金色开放获取模式出版；青铜开放获取是指出版机构主动选择在其网站上提供论文免费阅读。

全球金色开放获取增长较快，2020年金色开放获取论文数量增长到30%。中国的数据显示了相同的趋势。截至2022年8月，DOAJ收录的期刊中，发表开放获取论文的期刊数为18 000余种。

向作者收取论文处理费或由机构、基金资助者或学协会赞助的期刊可以完全开放获取。对于混合期刊，部分论文只有订阅或获得许可的机构或个人才能获取，其他论文则由作者选择开放获取模式。开放获取期刊出版的一些资助方式包括论文处理费、转换协议、订阅–开放模式和其他新兴模式。

在提倡和激励开放获取出版的大背景下，新创期刊大多选择以开放获取模式出版，因而研究人员也越来越多地选择开放获取出版。然而，根据最近STM

对国际研究人员的一项调查，62%的研究人员不了解或几乎不了解开放获取出版模式的类型，68%的研究人员不了解或几乎不了解版权许可选项。此外，研究人员越来越多地以预印本的形式分享他们的研究结果。预印本论文没有经过正式的同行评议，也没有在同行评议的学术期刊上发表，但可以在知识库或预印本服务器上被公开阅读。

版权和作者权利是文字作品保护的基础，确保作者的作品可以按其规定的条款和条件被阅读、使用和传播。这些权利对于保护作品及其完整性，以及整体学术记录的完整性至关重要。本报告详细介绍了版权许可，并介绍了最常用的知识共享（CC）许可类型。

全球开放获取实践的最后部分介绍了非洲的AJOL、日本的J-STAGE、欧洲的ORE和南美洲的SciELO等区域或国家的开放获取平台的示例，还介绍了其他一些倡议，如DOAJ和Think. Check. Submit；介绍了一些国家和区域性资助机构的要求，如澳大利亚的国家开放获取路线图、欧洲的S联盟/S计划、美国的OSTP，以及联合国教科文组织的《开放科学建议书》。

中国的开放获取出版

2003年，中国科技论文在线平台的推出开启了中国的开放获取之旅；2021年，《中华人民共和国科学技术进步法》第二次修订，提出推动开放科学的发展。在描述了这段历史之后，本报告提供了2011—2021年中国开放获取出版增长以及相对应的中国总产出增长的详细数据，并按学科、机构和SCIE期刊的4个分区进行了细分。根据SCIE的数据，2011—2021年，中国科研人员发表的金色开放获取论文数量的年均增幅为25.2%，而其发表的所有论文的年均增幅为14.7%。2021年，SCIE收录的中国作者金色开放获取论文总数为206 375篇，占当年总论文数的32%。

中国科协的项目团队关于中国科研人员向开放获取期刊投稿原因的调查显示，47.62%的人认为开放获取可以扩大研究成果的读者范围，44.29%的人表示可以加速研究成果的出版与传播，39.4%的人表示这是期刊的要求。相比之下，STM进行的类似调查显示，58.65%的受访者表示他们对开放获取了解或比较了解。

中国对金色、绿色、钻石开放获取和混合期刊的理解与国际上类似。然而，在国际上，青铜描述的对象是已发表的论文，而在中国，其描述的是一类期刊——青铜期刊，这类期刊的所有或部分论文可开放阅读。

中国科协的项目团队分析了中国出版的4 963种科技期刊。这些期刊中，1 810种为开放获取期刊，占总数的36.5%；青铜期刊占总数的29.4%。报告中提供的信息还包括基于论文处理费模式的出版、DOAJ收录的期刊以及当前的转换协议等。

2019年，中国科协、财政部、教育部、科学技术部、国家新闻出版署、中国科学院和中国工程院开始联合实施中国科技期刊卓越行动计划（2019—2023年）。该计划包括领军期刊、重点期刊、梯队期刊、高起点新刊、集群化试点、数字化平台、选育高水平办刊人才等子项目，基本涵盖了中国最具有国际影响力的科技期刊。本报告提供了各项目的相关数据并进行了说明。

2018年，国务院办公厅颁布的《科学数据管理办法》提出“政府预算资金资助形成的科学数据应当按照开放为常态、不开放为例外的原则，……，面向社会和相关部门开放共享”，从而明确了科学数据管理的职责、原则、方式和机制。中国开放数据这部分内容跟踪了期刊数据共享的实施情况，特别是入选中国科技期刊卓越行动计划期刊的状况。随后还介绍了关于中国机构知识库、开放资源平台和开放获取出版平台等方面的信息。

本章最后介绍了一些关于中国开放获取国际合作情况的数据。根据WoS数据，2021年中国作者与国际作者合作发表的152 901篇论文中，有41.7%是开放获取的，其中中国科学院的研究人员发文最多。截至2020年底，中国有国内统一连续出版物号（CN号）的英文期刊共428种，其中351种（82.0%）是与国际出版平台合作出版的。本章还介绍了中国科协与国际机构之间的合作情况及其主办的历届世界科技期刊论坛。

开放获取出版中的科研诚信

开放科学运动对科研诚信产生了重要影响。可信赖的科学与研究设计、研究过程和成果发表等各个阶段的透明度是息息相关的。更高的透明度，包括同行评议等阶段的透明度，会产生更值得信赖的科学。但开放科学运动中也有一些不太积极的动向。因此，随着开放获取出版的发展，有必要继续甚至强化对科研诚信的关注。

本章涵盖的板块包括同行评议、出版伦理、已发表内容的再使用、写作和编辑服务、可信赖期刊与掠夺性期刊、版本控制、出版和科研影响力、存档以及数据管理与共享（FAIR 原则）。在本章的每个板块中，都添加了关于中国实践的内容。中国高度重视科研诚信，本报告列举了中国近年来陆续出台的一系列政策、标准和措施，以加强科研伦理建设和治理。

开放获取环境中的国际合作出版

我们邀请一些国际出版机构介绍了他们在中国的一些出版合作情况。他们在报告中指出，在与中国机构的出版合作中，各种活动和举措都在不断增加。这些国际出版机构包括美国科学促进会（AAAS）、博睿（Brill）、EDP Sciences（EDP）、爱思唯尔（Elsevier）、电气与电子工程师协会（IEEE）、英国物理学会出版社（IOPP）、科爱（KeAi）、牛津大学出版社（OUP）、英国皇家化学学会（RSC）、施普林格·自然（Springer Nature）、泰勒·弗朗西斯（Taylor & Francis）、威立（Wiley）和威科（Wolters Kluwer）。

目　录

导言……………………………………………… 1

1 全球范围的开放获取实践………………………… 3

1.1　开放获取的出现 ………………………………… 3
1.2　开放获取的不同方式…………………………… 4
1.3　开放获取的出版模式…………………………… 5
1.4　开放获取的资助方式…………………………… 7
1.5　研究人员在开放获取环境中的实践和偏好……13
1.6　预印本（另参见第 3.7 节）……………………14
1.7　版权许可 …………………………………………15
1.8　国际开放获取倡议 ………………………………18
1.9　国家和区域性资助机构的要求 ………………… 22

2　中国的开放获取出版……………………………25

2.1　开放获取在中国的产生与发展 ………………… 25
2.2　中国科研人员发表国际开放获取论文情况 …… 28
2.3　中国科研人员对开放获取的认知……………… 36
2.4　中国的开放出版模式 …………………………… 38
2.5　中国的开放数据………………………………… 44
2.6　中国的开放学术平台…………………………… 47

2.7 中国开放获取国际合作情况 52
2.8 中国科协国际合作交流情况 56

3 开放获取出版中的科研诚信 59

3.1 持续聚焦开放获取出版中的科研诚信 59
3.2 同行评议 61
3.3 出版伦理 62
3.4 已发表内容的再使用 63
3.5 写作和编辑服务 64
3.6 可信赖期刊与掠夺性期刊 65
3.7 版本控制 65
3.8 出版和科研影响力 67
3.9 存档 69
3.10 数据管理与共享（FAIR 原则） 71

4 开放获取环境中的国际合作出版 74

4.1 美国科学促进会 (AAAS) 74
4.2 博睿（Brill） 75
4.3 EDP Sciences（EDP） 76
4.4 爱思唯尔（Elsevier） 77
4.5 电气与电子工程师协会（IEEE） 78
4.6 英国物理学会出版社（IOPP） 79
4.7 科爱（KeAi） 80
4.8 牛津大学出版社（OUP） 81
4.9 英国皇家化学学会（RSC） 81
4.10 施普林格 · 自然（Springer Nature） 82

4.11 泰勒 · 弗朗西斯（Taylor & Francis）.. 84
4.12 威立（Wiley）.. 86
4.13 威科（Wolters Kluwer）.. 88

结语..89

附录..91

附录一 报告所含链接列表..91
附录二 贡献者..101
附录三 致谢..102

导言

基本原则

中国科学技术协会（以下简称“中国科协”）和国际科学、技术与医学出版商协会（STM）联合编写这份关于学术交流和开放获取的发展报告（以下简称“报告”），总体设想是使各有关方面了解国际国内开放获取的发展演变、当前的实践情况以及未来需要考虑的问题。对于中国学术出版界来说，本报告的目的是向出版机构和学协会介绍全球开放获取出版实践及其由传统出版模式演进的背景，以及出版机构如何合作处理和解决在加速向开放获取出版过渡进程中出现的问题；同时，本报告也向STM各出版商会员和其他有关学术组织介绍中国开放获取出版实践①的发展脉络，以及当前中国开放获取不同出版模式的进展。

通过本报告的编写和发布，中国科协和STM希望能够帮助中国的学术期刊在开放获取的转型发展中行稳致远，并加强中国的期刊出版单位与国际出版商之间的伙伴关系。

本报告的编写基于以下3个基本原则。

（1）不同的开放获取出版模式可以并存，出版模式的多样性对研究和学术工作是最有利的。不同模式的期刊出版过程不同，出版成本也相应不同。数据显示，研究工作者希望论文出版后可以被开放阅读，但他们也希望自己对期刊有选择权。这种多样性使每个学术群体都能够采用自己倾向的某一种模式，也促使出版机构愿意进行必要的投资来为整个学术交流生态系统持续提供并改善服务。

（2）高质量的出版实践可以维护高标准的科研诚信。时代不同，学术界的要求不同，确保发表研究成果诚信的过程也不断与时俱进。出版机构一直在着力解决开放获取出版中出现的诚信问题，为投稿和出版流程提供相关解决方案以继续促进开放科学的发展。

① 本报告中的中国开放获取出版等资料仅统计中国大陆地区，未统计中国香港、澳门、台湾地区。

（3）出版机构在国家和国际层面合作传播研究成果与全球研究人员共享成果和跨地域合作的行为是一致的。自学术期刊问世以来，这种合作伙伴关系就成为了出版环境的一部分。在近年来开放获取出版出现的同时，这些跨地域的出版合作也在加速，这些趋势在中国机构主办的期刊上体现得尤其明显。

主要内容

围绕上述3个原则，本报告共分为4章。

第1章从STM的角度描述了全球开放获取的实践。它包括了开放获取的出现以及已经和需要解决的相关问题。在介绍了不同类型的开放获取出版模式后，本章最后指出，金色开放获取可能是未来最实用的模式。本章主要由STM组织撰写。

第2章介绍中国的开放获取出版情况。虽然中国的高校、学协会和研究机构与全球出版商交往密切，但出版模式的发展演变有其自身的特色。本章还提供了关于中国出版实践的相关数据。本章由中国科协组织撰写。

第3章聚焦于开放获取出版中的诚信问题。本章先由STM撰写，其会员或其他机构陆续补充了一些内容。中国科协撰写了中国维护学术出版诚信的具体实践。中国科协组织撰写的内容用蓝色显示。

第4章包括13个不同的STM出版商成员提供的内容，他们讲述了与中国的出版机构、高校、科研单位、学协会的合作故事，有的还对与中国机构合作和在其他地方的类似合作进行了比较并点评。

1 全球范围的开放获取实践[①]

1.1 开放获取的出现

开放获取是指读者可以免费获取已出版的学术内容（如期刊论文、专著和会议论文集），不受其他限制（既不要求注册，也没有其他复制或获取限制措施）；并在版权许可和保持学术文献完整性的前提下，允许读者进行广泛的再利用。需要指出，没有所谓的“免费”出版物，高质量学术出版物的编辑、生产、传播和保存成本甚巨。读者或图书馆可能会免费获取一份文献，但显然这期间有另一个利益相关者已经为其付费。

开放获取的定义可以追溯到现在广为人知的“3B”，即3个城市的名字：布达佩斯（Budapest）、贝塞斯达（Bethesda）和柏林（Berlin），有3个重要的声明是分别在这3个城市发布的。这3个声明都提出，开放获取模式就是允许用户免费阅读、下载、复制、分发、打印、搜索或链接全文，可以进行所有基于合法目的的使用。“3B”在关注重点和“开放获取”的具体定义上略有不同，对这些差异已经有过很多讨论。

2002年的《布达佩斯开放获取倡议》确定了开放获取出版的两种途径：第一种是通过自我存档形式，即在网上发布论著、会议论文或图书的免费访问版本；第二种是通过开放获取期刊。2003年的《关于自然与人文科学知识的开放获取的柏林宣言》和同年的《贝塞斯达开放获取出版宣言》添加了新内容：补充材料也应交存并使其可获取。

传统上认为开放获取是某个特定研究项目单个研究产出的特征，而不是这些研究产出的集合。换句话说，是针对一篇论文而不是一本期刊，或者是针对单本的专著而不是一个图书系列。现在大多数期刊都是所谓的“混合型”的开放获取期刊，也就是说，期刊让作者自己选择是否采用开放获取的发表方式。因此，该类期刊中的一些论文将免费提供给机构或读者，而其他论文则需要订阅才能获取。现在“完全开放”的期刊也越来越多，即该期刊内的所有论文都

① Johnson R, Watkinson A, Mabe M. The STM Report 2018[R]. [2022-08-12]. Available at www.stm-assoc.org/2018_10_04_STM_Report_2018.pdf.

是开放获取出版的，机构或读者无需订阅即可获取。

还有很多期刊标明自己是“转型”期刊，承诺它们致力于过渡到完全开放获取的期刊。这些期刊（或称混合期刊）可以让作者根据自己的喜好、资助者或所属机构的要求，选择开放获取或订阅的模式出版。这些期刊与其他许多期刊一起，正积极参与构建切实可行的机制，以向更开放的未来可持续过渡。

1.2 开放获取的不同方式

开放获取的不同方式可以根据开放什么（内容）、何时开放（时间）和何处开放（平台）来区分。以同行评议的期刊论文为例，“开放什么”有不同的“内容”选项。这些“内容”被称为“期刊论文版本”，由美国的国家信息标准组织（NISO）定义如下[①]。

（1）作者的原稿：作者自认为质量足够好、可进行正式同行评议的期刊论文的任何版本。作者对论文承担全部责任。论文可能标有一个版本号或日期戳，内容和版式由作者自己确定。

（2）接受的稿件：已被期刊接受发表的论文版本。第三方（出版机构）对论文承担永久责任，论文内容和版式遵循出版机构的投稿要求。

（3）正式发表的版本：期刊论文的固定版本，由各类出版机构提供，出版者通过正式和独家形式宣布论文“已发表”。这包括在编入卷期和分配相关元数据之前就被正式确定为已发表的“提前发布”的论文，只要能通过某些永久标识符对其进行引用；但不包括没有经过诸如文字编辑、校对修正、版面设计和排版等程序而尚未“固定”下来的“提前发布”的论文。

何时开放指的是论文可获取的时间，通常是发表日期。例如：

（1）在正式发表之前[在同行评议和（或）接受之前或之后]开放；

（2）发表后立即开放；

（3）在发表一段时间（这被称为“时滞期”）后开放。

论文在哪个平台开放获取，也主要有3个选项。

① NISO RP-8-2008, Journal Article Versions (JAV): Recommendations of the NISO/ALPSP JAV Technical Working Group.

（1）某个出版商的平台：正式发表的版本被贴上期刊的标签，放在期刊的网站上或出版商拥有的任何其他平台上。

（2）开放获取知识库：稿件的某个版本可以存放在知识库中，并在发表前或发表后立即公开，或在发表后一段“时滞期”后公开。

（3）其他在线发布：论文的版本可能被发布在各种地方，如作者的个人网站、学术社交网络和文件共享网站。在这些地方发布可能会产生问题，因为如果管理不当，这种共享可能会违反论文许可条款和版权法。为此，包括STM在内的一个联盟，已经在努力通过网站www.howcanishareit.com来促进负责任的分享。

1.3 开放获取的出版模式

多年来，开放获取发表论文的版本、发表的时间以及存放在哪些地方，这些因素综合在一起形成了复杂且有争议的开放获取模式分类。由于可用于支持论文出版、传播和管理的商业模式各异，以及通常出版是对论文优中选优的结果，这使情况变得更加复杂。虽然其他模式也是可能存在的，但出版界已经确定了以下这些主要的开放获取模式。

1.3.1 金色开放获取（Gold Open Access）

论文的正式发表版本在期刊网站或出版商的其他平台上发表后立即公开，这种模式被称为金色开放获取出版。这是最主要的开放获取出版模式，允许公众即时获取数百万篇论文。2020年金色开放获取论文占全球全部论文产出的30%（图1-1）。金色开放获取已被全球学术出版商广泛接受，因为它代表了一种提供出版服务的可持续方式，也能保持研究论文的诚信和质量。覆盖金色开放获取出版成本的财务模式通常与论文处理费（Article Processing Charge，APC）有关。虽然目前APC的财务模式多种多样，但该费用还是由作者、其研究机构或资助者中的一方来支付。

1.3.2 绿色开放获取（Green Open Access）

如果已经录用的稿件或正式版本，立刻或时滞期之后可通过知识库或其他平台供公众在线获取，又没有以金色开放获取模式出版，则被称为绿色开放获

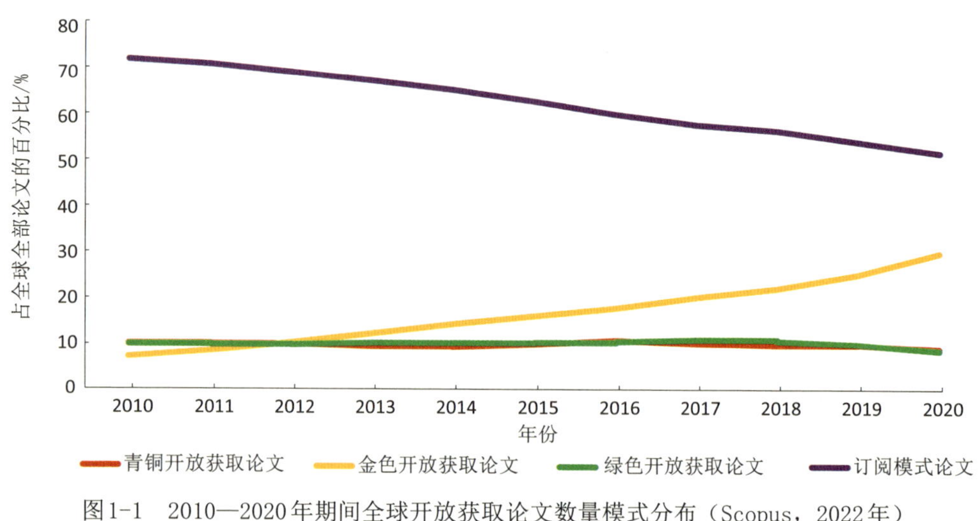

图1-1　2010—2020年期间全球开放获取论文数量模式分布（Scopus，2022年）

取，也被称为“自存档”。知识库通常由研究机构运营，以分享该机构科研人员撰写的论文的不同版本。当然，也有些知识库是由基金资助机构、出版机构或第三方机构运营的。有的知识库包罗万象，收录各学科论文；也有不少知识库只面向某个学科。知识库一般不向用户收费，维护成本基本由其所在的机构或组织承担。同行评议、编辑加工和其他促进提高学术记录可信度服务的出版成本通常由订阅费承担。

1.3.3　青铜开放获取（Bronze Open Access）

青铜开放获取指一篇论文由出版商选择在其网站免费阅读。这类论文被设为免费阅读的原因有很多，如出版机构的通用政策（如时滞期满后）、为了某个特定目的（如使内容广受关注或应对突发健康危机）或基于临时的考虑，等等。有时候这些论文的开放获取是出版商主动所为（即无需作者支付论文处理费或做其他事情）。也有可能在订阅期刊里，某本期刊或某期刊的特定内容完全开放获取。在某些情况下，这些论文只可以在有限的时间内免费阅读。这些论文也可能没有明确的开放许可。在所有以上这些情形里，一篇被分类为青铜的论文（无论定义是什么）也许不能确定为真正的或永久的开放获取。

本报告里的青铜开放获取指在出版商平台免费阅读的论文。这些论文要么没有许可，要么其许可不是CC许可。这与主要的文献计量数据库（包括

Scopus）的定义是一致的[①]。

1.3.4 钻石（或铂金）开放获取（Diamond/Platinum Open Access）

这种模式指开放获取期刊不依赖收取作者的费用来覆盖期刊的出版成本。钻石或铂金期刊可能由学术机构、资助者或学协会主办。

对主办机构的依赖使得钻石期刊很难扩大出版规模，因为投稿量越大成本越高，而主办机构的投入不一定相应增加。有些钻石期刊尝试获取其他收入来源，如广告、众筹等。

1.3.5 混合期刊（Hybrid Journal）

该术语适用于期刊或出版平台，而不是单篇论文。混合期刊的收入来源包括订阅费和论文处理费。所有论文的获取权限都会提供给订阅用户；作者选择开放获取发表的论文可以免费提供给所有人。通常在论文被接受后，混合期刊会让作者选择如何发表和传播他们的研究成果。

1.3.6 不同的开放获取模式的发展情况

金色开放获取是期刊论文最普遍的开放获取类型。图1-1显示金色开放获取正有力推动实现全球开放获取的进程。事实上，在不久的将来，全球开放获取论文的数量很可能会超过订阅论文的数量。

基于Scopus数据库等统计显示，中国开放获取出版的进展也是由金色模式推动的，如图1-2所示。

1.4 开放获取的资助方式

论文正式发表的出版过程中需要做一系列技术含量高的工作，包括可靠性审查、剽窃检查、发表范围评估、同行评议、编辑、校对和排版等。同时维持期刊的运行也需要资金投入，如推广期刊、确保可发现性、平台维护和其他服务。无论是开放获取还是非开放获取，都需要在出版过程中解决这些成本问题。非开放获取出版通常由订阅支持，只有订阅的读者有权访问；开放获取出版则需要其他的支持方式。

---

① https://blog.scopus.com/posts/scopus-filters-for-open-access-type-and-green-oa-full-text-access-option.

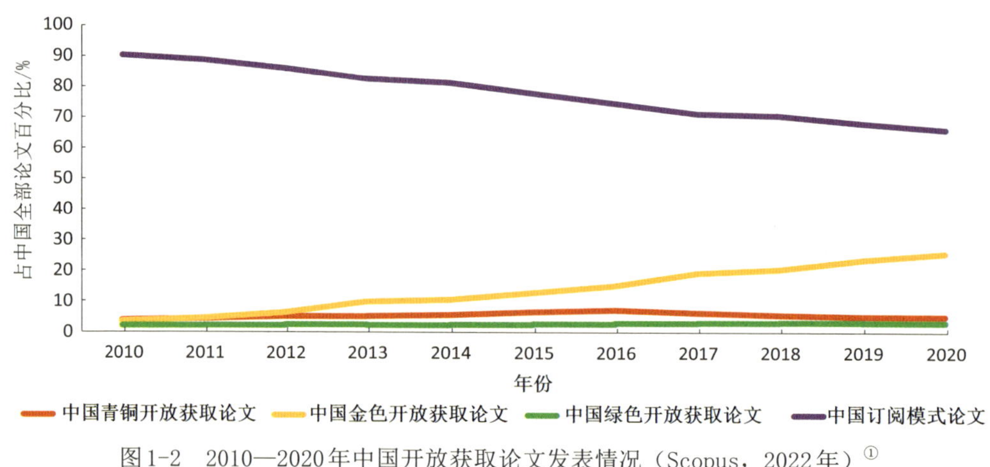

图1-2　2010—2020年中国开放获取论文发表情况（Scopus，2022年）[①]

绝大多数金色开放获取是由作者、资助者或机构为出版服务支付论文处理费实现的。基于论文处理费的金色开放获取的优势之一是：支付的费用会随着研究产出的增长而增加。

采用论文处理费运作模式的期刊包括新创办的开放获取期刊和从订阅转到金色开放获取的期刊，其中很多是学科领域里的期刊。还有所谓的“巨型”期刊，其出版主题领域宽泛，利用论文处理费支持快速审稿，并缩短从投稿到出版的处理时间。他们不要求审稿人判断研究的潜在影响，发表或拒稿的决定仅基于研究本身是否合理。由于这一编辑政策，它们的报道范围往往非常广泛，并且具有不同的同行评议标准，对研究主题、研究新颖性或特定期刊编辑政策的评判或执行标准要求不高。“巨型”期刊的例子包括公共科学图书馆（PLoS）的*PLoS ONE*、施普林格·自然的*Scientific Reports*、美国化学会的*ACS Omega*和SAGE的*SAGE Open*。

论文处理费的支付有时会给作者、机构和出版商带来挑战。因此，一些出版商引入了替代的论文处理费支付系统，以减少大量的小额论文处理费交易。还有其他可能与论文处理费交付直接或间接相关的模式做法（表1-1），包括各

① 此数据的金色论文数量是Scopus数据库中具有CC许可协议的开放获取论文数量，青铜开放获取论文数量是Scopus数据库中具有其他许可协议的开放获取论文数量，https://blog.scopus.com/posts/scopus-filters-for-open-access-type-and-green-oa-full-text-access-option.

表1-1 基于作者的付费模式

模式	描述	举例
论文处理费	录用时为了支付出版及相关服务而收取的费用；各种折扣和优惠都很常见	普遍性的
版面和其他出版费用	在论文处理费基础上额外收费，如超过篇幅限制的稿件、彩页 / 富媒体等	*Science Advances* (AAAS)，美国天文学会，其他期刊
预付款	批量购买论文处理费以换取折扣	泰勒·弗朗西斯，威立，其他
机构会员	其他相关模式组合，如基于机构的折扣、预付款、捆绑、抵消	BMC，PLoS，皇家学会，其他
个人会员	个人购买会员的一次性费用（分等级）；所有合作作者必须是会员（有上限）；会员需参与同行评议等编辑活动以保持良好信誉	*PeerJ*
第三方支持的论文处理费	通常作为过渡性的支持而不是永久模式；论文处理费打折（或免收）；由社团、机构、基金等支持	部分：BMC transfers-in，MedKnow，Sciendo（De Gruyter 开放）
投稿费	投稿时收取，无论同行评议结果如何均不退还的费用，通常价格较低（如每篇稿件20~90美元）；高拒稿率期刊的一种潜在可行性模式；历史上订阅期刊收投稿费，但现在金色开放获取期刊也越来越多地探索此模式；现在这还是个别现象，少数期刊在2022年又停止这么做了	很少：*Stem Cells*（混合），*European Economic Review*（混合），*Sleep*（混合），*Acta Orthopaedica et Traumatologica Turcica*（开放获取），*Cultural Anthropology*（开放获取）

种类型的机构会员资格，使机构的作者有权免费或以优惠价格发表论文；此外还有预付款制度，允许以折扣价提前购买一定数量的论文处理费。通过区分基本出版服务和额外付费服务，一些期刊可能有不同的论文处理费价格。还有一些机构签订了“转换协议”（如阅读和出版协议），按年付费，就可以涵盖该机构所有作者的论文处理费。

支付论文处理费并不是支持开放获取出版的唯一模式，其他出版模式也已开发或正在开发中，后续还将继续讨论。

1.4.1 论文处理费

一般来说，论文在出版时，期刊会要求支付论文处理费，由作者（其实通常是他们的资助者或机构）来支付这笔费用。许多研究资助者将会报销出版费用。但即使有广泛的资助支持，在机构内部和其他地区的资金安排细节仍有待充分解决。一些出版商开发了专门的论文处理费支付和跟踪系统，如威立的Wiley’s Open Access Dashboard，而其他出版商则使用版权结算中心（CCC）或其他集成商提供的服务。还有一些服务可以帮助机构管理和掌握他们的支付情况，如来自Knowledge Unlatched的Oable服务。

论文处理费价格可能会根据期刊所提供的服务和期刊录用的严格程度而有所不同。录用率会影响成本，因为同行和编辑评审越严，就越需要更多的投入；同时，论文处理费还要覆盖那些被拒稿论文的评审成本。图1-3为2018年开放获取期刊的论文处理费价格统计（以欧元计）①。

达成一个对研究机构和出版商都合适的论文处理费定价水平，并能对市场力量做出反应是很难的，也是阻碍论文处理费被广泛采用的一个障碍。进一步的挑战来自于这样一个事实：从订阅到论文处理费的转变将导致成本从人数众多的研究消费者重新分配到人数较少的研究产出者。

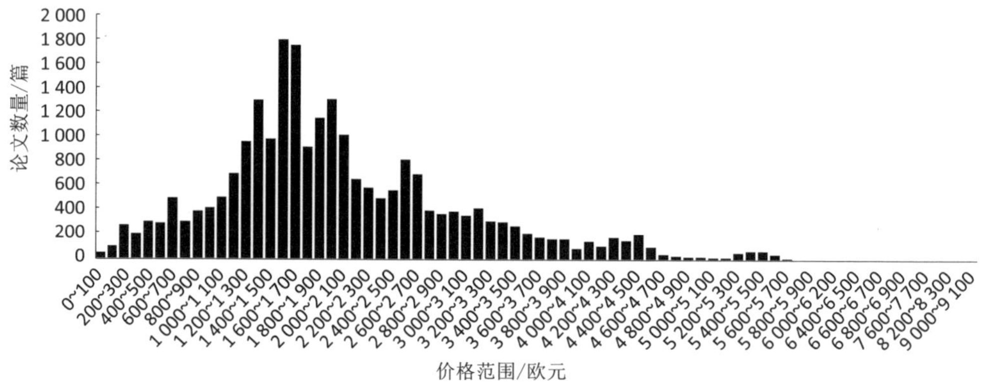

图1-3　2018年开放获取期刊的论文处理费价格

论文处理费应与其他形式（同时存在于开放获取和非开放获取出版中）的供给侧支付（作者而不是读者进行的支付）区分开来。表1-1描述了诸如此类的

① 开放获取论文的论文处理费数据来自网站：https://treemaps.intact-project.org/apcdata/openapc/. 检索时间：2022年5月26日。检索项：View “Journal”, year “2018”, hybrid status “All”, Country “All”。论文处理费信息来自2018年发表的24 276篇论文中。这些论文分布于澳大利亚、瑞士、捷克、德国、西班牙、芬兰、法国、英国、匈牙利、意大利、卡塔尔、塞尔维亚、瑞典和美国等国家。

情况，该表也出现在2018年STM报告中[①]。

1.4.2 转换协议

学术机构的图书馆和出版商之间的“阅读和出版”“出版和阅读”协议，正在将期刊的订阅转换为开放获取许可，因此被称为转换协议。首先，该机构和出版商就之前订阅部分（read）和开放获取出版部分（publish）的混合费用需要达成一致。该机构可以访问出版商的内容（read），该机构的研究人员可以在没有论文处理费的情况下发表他们的论文（publish）。随着时间的推移，订阅部分将减少，开放获取部分将增加，出版服务将以可持续的方式得到补偿。不同出版商签订的协议不尽相同：一些选项包括是否限定开放获取论文的数量，是否包含或排除某些特定期刊，或者同时包括混合和完全开放获取期刊，或者仅包括混合期刊。

阅读和出版协议是指机构支付文献获取费，允许其研究人员进行开放获取出版；而出版和阅读协议则是机构支付的费用是用于开放获取出版的，同时出版商的其他期刊可以开放阅读。虽然这些转换协议可以在一所大学和个别出版商之间签署，如加利福尼亚大学的加利福尼亚数字图书馆，但许多协议是与图书馆联盟签署的，如中国科学院国家科学图书馆（NSLC）；甚至是与国家签署的，如德国的Projekt DEAL。

随着跨多个地区的转换协议越来越多，出版商和图书馆旨在采用这种方式实现向开放获取的转变，为期刊从订阅或混合模式到完全开放获取模式的转变提供支持，因为它们的大多数论文都获得了资金资助，可以开放获取。与此同时，机构、联盟和区域将有更多路径访问开放获取和订阅论文。

1.4.3 订阅－开放模式

订阅－开放模式（Subscribe to Open，S2O）是这样的一种出版模式：期刊先以订阅模式出版，直到达到预设的订阅收入水平，这时期刊中所有的论文都在当年可以开放获取（包括迄今为止已出版的论文和当年内将出版的论文）。每年，现有订户继续订阅某个期刊或某些期刊，并被邀请参与S2O报价，如果参

---

① Johnson R, Watkinson A, Mabe M. The STM Report 2018[R]. [2022-08-12]. Available at www.stmassoc.org/2018_10_04_STM_Report_2018.pdf. p103.

与者的数量足够多了，出版商就将当年订阅的内容向所有人开放。这项工作每年都做。如果参与度下降，期刊收入不足，期刊将恢复为订阅模式。在某些情况下，可以开放过刊的内容来吸引订户参与。

“S2O实践社区”认为，订阅-开放模式是一种务实的方法，可以将订阅期刊转换为开放获取，而不依赖论文处理费或机构的资助（像钻石期刊那样）。因为认识到S2O的不同配置将适用于出版者和订阅者的不同组合，“S2O实践社区”提供了适应不同需求的S2O变体。2020年，4家出版商首次推出了24种期刊；2023年12家出版商的138种期刊将采用这种模式。其中，最大的出版商是Annual Reviews，拥有51种期刊。

1.4.4 其他新兴模式

出版商和其他利益相关者正在不断创新、开发新的出版模式，以支持开放获取和其他出版活动。对任何新模式的关键考量是它是否可持续（即它是否可以长期运行）以及它是否可扩展（它是否可以在多个特定环境中运行）。转换协议本身最初也只是一个实验，所有模式都需要进行可持续性测试。一些实验比其他实验更成功，还有些实验仍处于“小试”阶段，甚至处于研发阶段。

例如，十多年来*PeerJ*一直在进行开放获取出版的会员模式实验。最初这只是*PeerJ*提供的唯一模式，现在该出版商在其7种期刊中提供了多种出版选择，包括论文处理费付款、机构计划和终身会员资格等。

另一个例子是，2021年PLoS推出了两种新模式，与论文处理费付款并行使用。第一种，2021年*PLoS ONE*和其他4种期刊推出了机构固定费用（Flat Fees）模式，机构支付年费（由该机构在该期刊上的出版历史决定）后可以出版不限数量的开放获取论文。第二种，*PLoS Medicine*和*PLoS Biology*①建立了一种“学术团体出版”（Community Action Publishing）模式，该模式同样允许不限数量开放获取出版，但要将超出约定收入部分按折扣进行重新分配。

最后一个例子是“人文科学开放图书馆”（Open Library of Humanities, OLH)，其由图书馆联盟模式支持，各机构以“图书馆合作补贴”的形式承诺成为会员。OLH致力于出版开放获取的研究成果，不收作者的论文处理费。OLH

① https://plos.org/resources/community-action-publishing/.

出版平台支持人文科学各领域的学术期刊，也运营它自己的多学科期刊。

1.5 研究人员在开放获取环境中的实践和偏好

如前所述，研究人员越来越多地选择开放获取出版。影响来自多个方面，包括：出版商鼓励开放获取出版，为其提供更多选择；资助者提供资源、鼓励开放获取，有时更是要求开放获取出版；研究机构为实现更多开放获取而提出指导和要求；在某些情况下，研究人员对开放获取也有个人偏好。

出版商和出版行业组织一直在为完全开放获取期刊和混合开放获取期刊提供多种多样的开放获取渠道。如今，绝大多数新刊都以完全开放获取的形式创办，许多出版商建立专门网站来鼓励开放获取出版[①]。第4章概述了一些出版商在中国的开放获取活动。

近年来，基金资助机构还积极鼓励开放科学和开放获取实践。第1.9节概述了这一领域的一些政策举措。

多年来，研究机构和学术社团一直致力于支持其成员和学界推动开放获取。其中包括一些非常有影响的宣传材料，如2021国际科学理事会的立场文件《科学是一种公益》[②]，该文件认为科学对社会进步至关重要，科学家有责任向公众传达他们的发现。图书馆组织也积极支持和促进开放获取[③]。

尽管有这些鼓励开放获取的各种影响力和推动力，研究人员自身对开放获取普遍持矛盾态度。虽然一些调查表明越来越多的人支持开放获取出版，但这些调查同时也显示，开放获取并不是研究人员在选择期刊投稿时的首要考量。在2019年泰勒·弗朗西斯的一项调查[④]中，尽管88%的受访者表示，让他们的论文更广泛地传播是有价值的，但只有20%的人表示他们一定会投稿给一本完全开放获取的期刊。在那次调查中，开放获取选项不在选择期刊的前十大标准

① 参见：如 https://www.wolterskluwer.com/en/expert-insights/authors-benefits-publishing-open-access, https://brill. com/page/oavisibility/visibility-and-marketing, https://www.acm.org/publications/openaccess, https://www.springernature.com/gp/open-research/about/benefits.

② Science as a Global Public Good - International Science Council, 08/04/2021.

③ 参见：如 https://guides.library.yale.edu/openaccess .

④ https://authorservices.taylorandfrancis.com/researcher-survey-2019/.

之列。在2018年Ithaka S+R对美国研究人员的调查[①]中，只有40%的人表示期刊的开放获取特征对出版决策具有高度影响力。非西方作者也是如此，2018年Editage调查[②]的受访者将开放获取列为选择期刊最不重要的标准。然而，研究人员也认为，开放获取出版在未来几年将变得更加重要。在2020年ACS的一项调查[③]中，46%的研究人员表示，目前开放获取出版很重要；而66%的研究人员表示，在未来5年内"重要的是这么做"。然而，研究人员也表示对开放获取、许可和各种开放获取的倡议存在很大的困惑。在泰勒·弗朗西斯的调查中，66%的受访者表示不了解11项开放获取倡议中的任何一项。在STM于2022年对研究人员进行的一项全球调查[④]中，大多数受访者表示，他们对开放获取的类型、许可选择或特定资助者的要求没有或几乎没有了解（图1-4）。

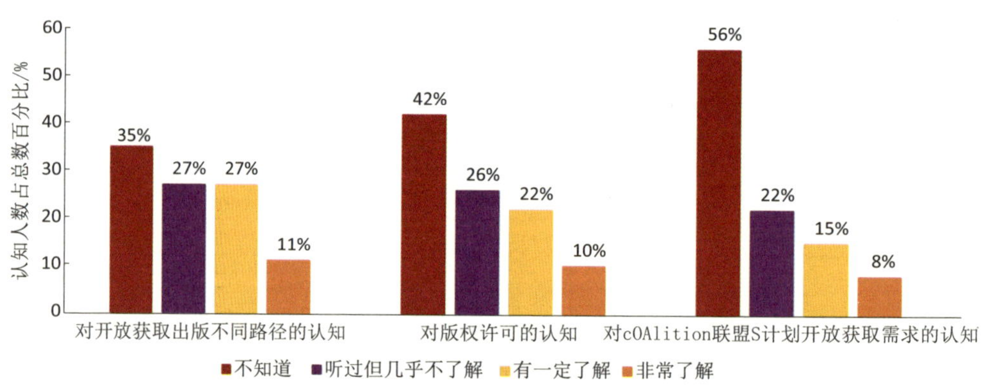

图1-4　科研人员对开放获取、版权许可的认知情况（STM 2022年调查）[⑤]

1.6　预印本（另参见第3.7节）

预印本是还没有正式进行同行评议、尚未在同行评议期刊发表的论文版本。预印本提供的通常是没有排版的版本，可在知识库（repository）或预印本服务器中获取并免费阅读。

研究人员分享其预印本最早的案例之一是在物理学等领域——通过arXiv。

① https://sr.ithaka.org/publications/2018-us-faculty-survey/ .
② https://campaign.editage.com/global_survey_report_2018/ .
③ https://acsopenscience.org/acs-2020-open-access-survey/.
④ https://digitalscience.figshare.com/articles/report/The_State_of_Open_Data_2022/21276984..
⑤ Some percentages do not add up to 100% due to rounding.

这种论文的早期版本在近几年使用得越来越多。例如，爱思唯尔公司发现在过去5年中，在SSRN（一个早期研究和预印本平台）上发表预印本的研究人员数量增加了148%[①]。近10年来很多主要的学术出版商都提供自己的预印本服务和平台，越来越多的专业学科的预印本平台也纷纷出现，如ASAPBio、BioarXiv、SocarXiv等。

预印本使学术界能够非常迅速地分享信息或指示性结果，还可以为研究项目指明行进方向，或在作者向期刊投稿前为其提供反馈。然而，由于作品在分享前没有经过评审或核查，也会有误导研究人员的风险，尤其是会误导公众。

历史上预印本是缺乏同行评议过程的，现在有些预印本服务器正在探索添加评论或评审模块。预印本和正式发表版本的不同之处就是标准化评审过程的缺失。有关预印本导致的科研诚信问题也引发了众多担忧，甚至当预印本从某服务器上撤回时，服务器上常常连关于撤回的元数据都没有。各种研究都显示，多达50%的预印本都没能在同行评议的期刊发表[②]。关于多大比例的预印本从未向期刊投稿，尚无从得知。

在全球COVID-19大流行中，由于需要尽可能广泛和迅速地分享研究工作，预印本的使用激增。许多研究对这些预印本的有效性进行了探讨，或许能提供些额外证据来揭示预印本使用和研究论文初稿尽早分享方面的利弊。

1.7 版权许可

版权和作者权是作品获得保护的权利基础，能够使作品在作者规定的条件和条款下被使用。作者创作出作品后，就会自动获得一组权利。这组权利因版权人和作品使用者所在司法管辖区的法律规定不同而有所不同，但几乎都包括复制、发行、修改、重混（remix）或以其他方式创建“演绎”作品的权利。版权可以合法向他人转让。因此，作品的版权人可以是作者，也可以是继受取得版权的第三方（如出版商）。

① Elsevier. “The Rise of Preprints” Elsevier Connect. accessed[EB/OL]. [2022-04-05]. https://www.elsevier.com/connect/the-rise-of-preprints.

② Schonfeld R C, Rieger O Y. Publishers Invest in Preprints[EB/OL]. [2022-08-12]. https://scholarlykitchen.sspnet.org/2020/05/27/publishers-invest-in-preprints/.

版权人通过许可协议授予他人使用作品的权利。许可协议有的适用于特定主体，有的适用于不特定主体，如知识共享许可（以下简称“CC协议”）。对于学术作品，特别是学术作品的开放获取，普遍使用的是适用于不特定主体的许可协议。

STM 提供了一些关于开放获取许可协议的使用指南，公众可通过“Open Access Licensing - Making Open Access Licensing Work”[①]获取相应资源。此外，个别出版商和第三方（如 Creative Commons）也创建了许可协议模板。其中，CC协议越来越多地被用于学术出版中[②]。

许可协议可以授权或限制对学术作品的如下使用行为。

（1）署名：即要求对作品的任何使用都必须对作品的原始权利人/创作者进行署名。

（2）非商业性使用：即要求任何对作品的使用都是非商业性的。

（3）禁止演绎：即要求在使用作品时不得对其进行修改。

（4）相同方式共享：即要求按照与原作品相同的许可条款共享通过使用原作品得到的新作品。

为了便于理解，下面展示了“CC协议”在学术交流中最常用的几种许可形式。由于引用作品是学术交流的常用手段，因此大多数许可协议（无论是“CC协议”还是其他许可协议）都有署名的要求。因此，以下每一项许可都包含了署名的要求。学术出版中最常用的“CC协议”有以下几种。

（1）署名（CC-BY）：允许他人以任何目的使用作品，只要对原作者或版权人进行署名。

（2）署名–禁止演绎（CC BY-ND）：允许他人以任何目的使用作品，只要以作品的原始形式（未经修改或改编）共享作品，并对原作者或版权人进行署名。

（3）署名–非商业使用（CC BY-NC）：允许他人以任何目的使用作品，只要该使用是非商业性的，并对原作者或版权人进行署名。

（4）署名–非商业使用–禁止演绎（CC BY-NC-ND）：允许他人以任何目的

---

① https://www.stm-assoc.org/intellectual-property/licensing/open-access-licensing/.
② www.creativecommons.org/licenses.

使用作品，只要该使用是非商业性的，且以作品的原始形式（未经修改或改编）共享作品，并对原作者或版权人进行署名。

（5）署名–相同方式共享（CC BY-SA）：与CC BY类似，但有额外限制，即通过使用原作品得到的新作品，也需在CC BY许可下共享。

（6）署名–非商业使用–相同方式共享（CC BY-NC-SA）：与CC BY-NC类似，但有额外限制，即通过使用原作品产生的新作品，也需在CC BY-NC许可下共享。

尽管在学术作品中并不常见，版权人也可以使用“全球公共领域奉献”许可（Universal Public Domain Dedication），即放弃版权并将作品置于全球公共领域，允许没有任何条件限制地使用作品。在“CC协议”中，这类许可称为CC0许可。

需要注意，除财产权利外，大多数司法管辖区的作者还享有“著作人格权”。著作人格权不可转让，保护期甚至长于著作财产权。著作人格权一般包括署名权、修改权、保护作品完整权和发表权。其中发表权在某些国家属于著作财产权，在某些国家属于著作人格权，在一些国家则享有财产权与人格权的双重保护。“CC协议”等许可协议不影响著作人格权的应用。

CC BY许可协议在开放获取学术期刊中的使用量逐渐增长，直至占比最大（图1-5）。然而，多项针对科研人员偏好的调查显示，CC BY-NC-ND才是科研人员的首选协议（社会科学和人文科学领域更是如此），该协议在授权重用作品的同时，能够使作品的完整性得到保护，并确保作品被用于非商业目的。

许可作品的最佳做法是在作品发布时明确声明许可条件，但并非所有作品（或作品的部分）在共享时都会附有明确的许可协议。如果没有明确的许可，用户则不能确定他们共享或重用作品时的权利。因此，STM发起了一项“我如何分享它”的倡议（www.howcanishareit.org），以帮助用户确定学术作品的使用权限。如果没有许可协议，或者许可协议不明确，用户应确保任何使用作品的行为都得到了版权人的单独授权。

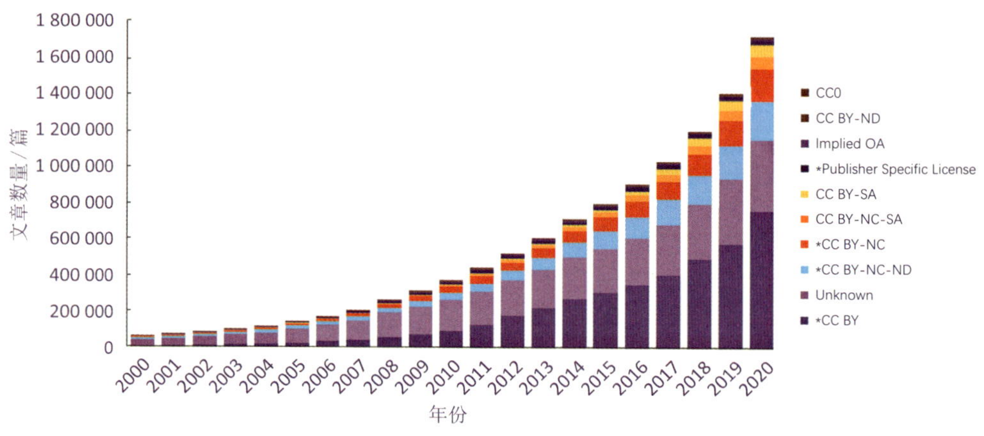

图1-5 开放获取版权许可类型统计[①]

1.8 国际开放获取倡议

学术交流的开放获取生态系统包括一个庞大的组织群体来提供平台、标准、认证、建议和指南，这对开放获取的发展、实施至关重要。这些组织中当然有出版商，还包括政府及其所属机构、非营利组织、商业实体以及志同道合的组织联盟。在这个广泛的群体中，有各种国家或区域性出版平台，以及提供服务和解决方案的组织，还有制定开放科学和开放获取政策的政府部门、资助机构和研究机构。

该生态系统的多样性表明了开放获取出版的复杂性，以及为使其发挥作用而进行持续投资和合作的必要性。这些资源不仅需要用于开放获取出版物的出版、管理、共享和保存，还需要用于促进论文的可发现性、确定适当的论文共享渠道以及促进学术诚信（见第3章）。

在本节和下一节中，我们给出了一些为实现开放获取作出贡献的组织的示例。应该注意的是，这些示例既不具有代表性也不全面，在这里（包括本报告的其他地方）纳入这些示例不应被视为中国科协或STM 对其活动的认可，只是为了说明这类参与者在开放获取工作中的一些活动。

① 数据来自：https://www. Lens.org. 检索日期：2022 年 6 月 7 日。检索信息包括：Search terms: Date; 01-01-00 to 31-12-20, Flags; Open Access, Has Abstract, Analytics Set, Identifier Type; CrossRef, Publication Type; Journal Article, Open Access; Open Access Colour; Gold, Green, Hybrid。这些数据显示，一篇文章可以有很多种许可，已经把最具限制性的许可形式计算在内。

在本节中，我们还提供了一些基础设施的示例，这些基础设施有助于确定合适的开放获取渠道，并为论文的开放获取共享提供机会。在第1.9节中，我们将同样提供重要资助者和政府政策的示例。在第4章中，一些出版商提供了他们出版合作的一些示例。

1.8.1 非洲期刊在线

非洲期刊在线（Africa Journals Online，AJOL）成立于1998年，旨在提高非洲研究的知名度，促进区域出版业发展。截至2022年8月15日，它拥有来自非洲大陆35个不同国家的近600种出版物；尼日利亚和南非的出版物最多（分别为244种和100种），也有来自埃塞俄比亚、坦桑尼亚、乌干达、津巴布韦、埃及和阿尔及利亚的出版物。AJOL的成立是由INASP在外部资金支持下促成的，现在作为一个非营利组织在南非运营。平台上有300多种期刊是开放获取的。

AJOL收录的期刊在过去5年中稳步增长，2022年5月其论文下载量超过了220万篇次（而在2017年5月时，下载量不足70万篇次）。其涵盖所有学科，收录期刊需要遵守一套严格的质量标准，如同行评议、能发挥作用的编委会、有ISSN号和透明的所有权。所有期刊必须在非洲出版，编委至少有半数来自非洲。

AJOL是非洲研究界使用最广泛的平台，并参与了一些行业倡议，如Research4Life、CrossRef、COPE和开放获取期刊目录（DOAJ）。

1.8.2 开放获取期刊目录

DOAJ[①]是“学术社区建设管理的在线目录，用于检索和访问高质量、开放获取、同行评议期刊”。

DOAJ收录基本标准的全部细节可以在Guide to applying – DOAJ找到，但DOAJ所纳入的期刊必须满足以下标准：

（1）每年发表至少5篇研究文章；

（2）出版至少1年以上；

（3）使用CC或同等许可的完全开放获取模式；

① Directory of Open Access Journals – DOAJ, 检索日期：2022年8月4日。https://doaj.org/.

（4）期刊必须有自己的专用网址和主页，可以从任何地方访问；

（5）文章必须都是单篇可获取。

截至2022年8月1日，DOAJ收录18 058种开放获取期刊，共来自130个国家，80种语言，其中12 524种期刊不收论文处理费。

Web of Science（SCI/SSCI/ESCI/A&HCI，2021）含开放获取论文的期刊数量为18 675种；Dimensions含开放获取论文的期刊数量为19 196种。

1.8.3 J-STAGE

J-STAGE是日本的学术出版平台，由日本科学技术振兴机构（JST）开发和管理。它的目的是迅速传播研究成果，加强信息的国际传播，并促进开放获取内容的出版。截至2022年8月15日，J-STAGE共收录了来自3 607种期刊的540万篇论文。J-STAGE上90%以上的论文都是免费阅读的，其余的可以订阅。开放获取论文显示了一个知识共享（CC）许可，因此可以根据许可条款重新使用。JST还为数据集推出了“J-STAGE Data”，为预印本推出了“JXIV”[①]。

1.8.4 欧洲开放研究平台

欧洲开放研究（ORE）是开放获取出版平台，用于“地平线2020”和“地平线欧洲”（Horizon 2020 and Horizon Europe）资助的所有领域研究成果的出版工作，于2021年3月正式启动。该平台的受益者须遵守“地平线2020”和“地平线欧洲”基金的开放获取条款。该平台采用F1000的技术和出版解决方案，其基本上还是扮演了一个开放获取出版机构的角色。除了所有发表的论文要开放获取之外，ORE还强制执行开放数据政策，并按“出版后同行评议模式”实施开放的同行评议。提交的论文要经过多次检查，以确保其可靠性。如果一篇提交的论文是可靠的，并符合提交标准，它将被发布并接受同行评议。所有评议都是对公众公开的。截至2022年4月13日，该平台的浏览界面下共显示了203篇论文。

---

① “J-STAGE Overview”检索日期：2022年3月28日。https://www.jstage.jst.go.jp/static/pages/JstageOverview/-char/en.

1.8.5 科学电子图书馆在线

科学电子图书馆在线（SciELO）是国际学术交流项目，通过来自17个国家的同行评议期刊的“各国分别汇集，分散式网络集成”来实施，统称为SciELO网络。该网络每年联合出版1 200种期刊和大约50 000篇论文。

所有汇集的出版物均遵循SciELO出版模式，该模式提供了对各种格式论文全文的金色开放获取。对于2015年后出版的论文，则遵守CC-BY许可政策。所有论文都使用元数据和参考文献编制索引，旨在被发现并与其他索引和系统交互。

据SciELO称：“SciELO的主要贡献是从全球视角认识到其期刊与研究进展的相关性，因为它们传播与国家重大需求相关的基础研究成果，以及应用研究成果（可能这还是主要的）。一方面，SciELO为学术服务；另一方面，为公共政策、专业社区、教育课程和公共问题提供信息[①]。”

SciELO最初得到圣保罗研究基金会（FAPESP）和巴西国家科学技术发展委员会（CNPq）以及拉丁美洲和加勒比健康科学信息中心（BIREME）的支持。目前巴西仍然运营整个项目，并为项目秘书处和中央信息技术基础设施提供资金，但包括信息技术基础设施在内的各个期刊和项目的治理、管理、资助和运营是参与网络的各个国家的责任。

1.8.6 思考·检查·投稿

思考·检查·投稿[②]（Think. Check. Submit，TCS）作为一种资源，其作用是帮助研究人员确定要发表的期刊是否值得信赖。它是一个简单的清单，研究人员可以用来评估期刊或出版商的资质。“三步”法鼓励研究人员“思考”他们投稿的期刊是否是可信的期刊，根据一系列标准“检查”期刊是否适合发表他们的研究成果，并且只有在期刊符合某些标准的情况下才“投稿”。

TCS运动是在学术传播界的联合支持下开展的。虽然它并不完全与开放获取出版相关，但它的出现正好缓解了人们对开放获取环境中潜在的欺骗行为的担忧。

---

① Packer A L. The SciELO publication model as an open access public policy[EB/OL]. [2022-08-12]. https://blog.scielo.org/en/2019/12/18/the-scielo-publication-model-as-an-open-access-public-policy/#.Y4miU7ESJvs.

② https://thinkchecksubmit.org/.

1.9 国家和区域性资助机构的要求

本节提供了一些示例，列举了比较突出和可能相关的资助者的要求。但这些示例既不说明其具有代表性，也不全面。这里提到的某一特定区域不应被视为是认可它们的政策，而没有提到的地区也不应视为对其政策有什么看法。

1.9.1 澳大利亚国家开放获取路线图

2021年6月，澳大利亚首席科学家办公室（OCS）提议为澳大利亚制定一项单一的国家开放获取战略。该战略的3个预期成果如下：

（1）提高澳大利亚在研究领域的投资回报率；

（2）保持澳大利亚在科学、研究和创新领域的全球地位；

（3）增加行业机会，利用科学和研究投资支持经济复苏和增长。

随后有关部门对该项目开展了审查和协商，包括向各利益相关方宣介、与他们互动，就该战略及其计划征求意见，等等。目前正在对实施国家开放获取路线图的一些潜在计划进行财务分析。来自学术传播生态系统各个方面的代表都受邀参与了讨论和协商，资助研究工作的各个国家部委都给予了支持。OCS发出的一个关键信息是，在任何最终计划中，其都将认可出版商的价值和持续作用，并且有必要保持学术交流系统活力不断[①]。

1.9.2 欧洲 cOAlition S/Plan S

2018年9月4日，一些国家级的研究资助组织发起了“S联盟”(cOAlition S)。这是一个由科研基金资助机构组成的自愿团体，致力于推行“S计划”(Plan S)，其中包含10项原则[②]，旨在“加速向全面和立即开放获取科技出版物的过渡”。这一倡议是由基金资助者的领导层与欧盟委员会联合提出的。时至今日，“S联盟”已有20个国家和7个国际慈善资助机构和研究组织。必须指出，“S联盟”不是一个政府或决策机构，没有能力约束基金资助者采取任何特定行动。任何希望履行承诺的基金资助者都将根据其自身权力和管理行事。另须指出，“S联盟”也不是由任何特定的资助者组成的，自其成立以来，资助者进进出出，所以这个联盟的组成总在变化。

---

① Unlocking the academic library; Open Access. https://www.chiefscientist.gov.au/news-and-media/unlocking-academic-library-open-access.

② Plan S Principles. https://www.coalition-s.org/plan_s_principle.

“S联盟”的主要目标是：从2021年起，所有由其成员组织提供的公共或私人资金资助的研究成果必须在开放获取期刊、开放获取平台上发表，或通过开放获取知识库可立即获得，没有时滞期。该计划不提倡任何特定的开放获取出版模式，但根据“S计划”的原则，目前的某些模式是不被接受的，也不符合某些资助者的政策要求。

1.9.3 联合国教科文组织关于开放科学的建议

为推进开放科学，2021年联合国教科文组织发布了《开放科学建议书》①。开放科学作为一个包容性的框架，是各种运动和实践的结合，旨在使多语种科学知识为每个人公开提供、获取和可重复使用，从而加强科研合作和信息共享，利于科学、造福社会，并向传统科学界以外的社会大众开放展示科学知识的创造、评价和传播过程。在该建议中，联合国教科文组织鼓励成员国制定政策，促进本国研究人员的开放科学实践。这些开放科学实践包括开放获取出版，也包括开放数据和其他研究共享实践。

联合国教科文组织建议，为了在全球范围内促进开放科学，成员国应促进和加强所有开放科学参与者之间的国际合作，并鼓励他们参加国际科研合作。它将国际合作认定为开放科学的一个不可缺少的实践活动，是深度交流科学知识和经验的最重要的推动因素。

1.9.4 美国公共获取政策

2013年，白宫科技政策办公室（OSTP）发布了关于“扩大对科技研究成果获取”②的备忘录，指导美国所有重要的科研资助机构制定一项政策，指导美国每年研发支出超过1亿美元的科学资助机构制定政策，以向公众提供对受联邦政府资助项目相关的出版物和数据的获取途径。在接下来的几年里，20多个资助研究的联邦部门和机构制定并实施了此类政策；在备忘录的指导下，这些政策得到了定期审查和更新③。

① UNESCO. UNESCO Recommendation on Open Science[EB/OL]. [2022-03-28]. https://unesdoc.unesco.org/ark:/48223/pf0000379949.locale=en.

② https://obamawhitehouse.archives.gov/blog/2013/02/22/expanding-public-access-results-federally-funded-research.

③ https://www.whitehouse.gov/wp-content/uploads/2022/02/2021-Public-Access-Congressional-Report_OSTP.pdf.

尽管每个机构的政策细节不同，但它们都对接受联邦机构资助的研究人员提出了要求，需在成果发表后12个月内向公众开放提供所有受资助的研究论文。此外，每个机构（在不同程度上）都鼓励受资助的研究人员也向公众提供资助研究中产生的所有数据，或者至少向公众说明如何以及在什么条件下可以提供这些数据。

获取这些出版物和数据，需要符合机构政策和审查办法的要求。关于出版物和数据访问权的解决办法往往涉及公私伙伴关系。例如，非营利性的CHORUS帮助各机构获取受联邦资助研究的论文最佳版本。另一个例子是通过非政府知识库提供数据访问，包括Figshare等通用知识库和PANGEA（https://www.pangaea.de/）等地球和环境科学专题知识库。这些知识库借力学术共同体的标准和基础设施（如DataCite和Scholix），所以能生存和发展。

2022年8月25日，OSTP发布新的备忘录，也被称为“尼尔森备忘录”（Nelson Memo），修订了对联邦资助机构的要求。该要求将适用于所有机构，无论其研发支出如何，所有同行评议的学术出版物在出版后即可公开获取。此外，还修改了对数据、知识库和科学研究的完整性等要求。各机构必须在2024年12月之前公布政策制定计划，生效日期不得晚于一年。

2 中国的开放获取出版

2.1 开放获取在中国的产生与发展

中国的开放获取运动可追溯至2003年"中国科技论文在线"①学术交流平台的创建。近20年来，中国在开放获取政策、实践、重要国际性开放获取倡议的签署或行动等方面均不断作为。2021年12月修订的《中华人民共和国科学技术进步法》要求推动开放科学的发展，标志着中国正式将包括开放获取在内的开放科学确立为国家科学技术的发展方向之一。中国开放获取的主要发展脉络与实践见图2-1。

2003年，教育部科技发展中心主办的"中国科技论文在线"上线。

2004年5月，中国科学院与国家自然科学基金委员会分别代表机构成员签署了《柏林宣言》②。

2005年6月，由中国科学院和国际科学院组织（IAP）共同主办、中国科学院文献情报中心承办的"科学信息开放获取战略与政策国际研讨会"召开③；7月，中国大学图书馆馆长论坛发布了《图书馆合作与信息资源共享武汉宣言》④，高校图书馆陆续利用网站开始了文献资源的开放共享。

2006年7月，科技部、财政部印发《国家科技支撑计划管理暂行办法》⑤，要求"建立规范、健全的项目科学数据和科技报告档案"，"委托科技信息服务机构建立支撑计划项目数据和成果库，实现信息公开、资源共享"。自此，中国开始逐步在开放获取政策、开放获取知识库以及开放获取平台上稳步有序发展。

---

① http://www.paper.edu.cn/templates/introduction.shtml.

② 我科学机构签署《柏林宣言》网络科学资源全球共享。https://www.cas.cn/zt/jzt/gjjlzt/zgkxyydgmpxhhz30zn/xwbd/200405/t20040525_2665775.shtm.

③ 科学信息开放获取战略与政策国际研讨会举行。https://www.cas.cn/hy/xshd/200506/t20050627_1691689.shtml.

④ 大学图书馆高层集聚武汉 宣言合作与信息资源共享。http://sim.whu.edu.cn/info/1073/4178.htm.

⑤ 科学技术部、财政部关于印发《国家科技支撑计划管理暂行办法》的通知（国科发计字〔2006〕331号文件）。https://www.safea.gov.cn/xxgk/xinxifenlei/fdzdgknr/fgzc/gfxwj/gfxwj2010before/200607/t20060731_143610.html.

2008年，中国科学院机构知识库网格建设计划启动[①]。

2009年，“中国科技资源共享网”上线[②]。

2010年10月，中国科学院和德国马普学会（MPG）在北京共同举办第八届开放获取柏林会议；同年10月，中国科技期刊开放获取平台（COAJ）上线运行[③]。

2012年，中国科学院文献情报中心组织23所科研院所和高校图书馆成立中国机构知识库推进工作组和中国arXiv服务工作组，并且启动每年10月的中国开放获取推介周[④]；同年，“北京大学机构知识库”、公益性期刊数据库“国家哲学社会科学学术期刊数据库”发布[⑤]。

2014年5月，《中国科学院关于公共资助科研项目发表的论文实行开放获取的政策声明》和《国家自然科学基金委员会关于受资助项目科研论文实行开放获取的政策声明》发布[⑥]，开启了中国开放共享政策及开放共享系统建设的实践；同月，全球研究理事会2014年峰会在北京召开，国务院总理李克强在致辞中代表中国政府明确表示支持建立由公共财政资助的科学知识开放获取机制[⑦]。

2015年，国家自然科学基金委员会发布《基础研究知识库开放获取政策实施细则》并推出国家自然科学基金基础研究知识库[⑧]，收集国家自然科学基金资助项目论文全文，向社会公众提供开放获取服务。

2016年，“中国高校机构知识库联盟”（Confederation of China Academic Institutional Repository，CHAIR）成立[⑨]。同年，中国科学院科技论文预发布平台ChinaXiv上线[⑩]；同年，教育部发布《促进高等学校科技成果转移转化行动计

① 祝忠明，张冬荣，张晓林，等．中国科学院机构知识库建设实践及进展 [J]. 澳门图书馆暨资讯管理协会学刊，2012(14): 24-39. http://ir.las.ac.cn/handle/12502/5651.
② https://www.escience.org.cn.
③ http://www.coaj.cn/.
④ http://www.las.cas.cn/news/fwcx/202112/t20211202_6286103.html.
⑤ http://www.nssd.cn/.
⑥ http://scitech.people.com.cn/n/2014/0516/c1007-25024469.html.
⑦ http://www.gov.cn/guowuyuan/2014-05/27/content_2688219.htm.
⑧ https://ir.nsfc.gov.cn/policies.
⑨ http://chair.calis.edu.cn/pages/detail.html?id=db30a7c8-12d3-4383-82b2-feee844cf5f3.
⑩ http://chinaxiv.org/home.htm.

划》[①]，提出为创新创业群体开放科技数据、论文、科研设施仪器设备等创新资源，提供科技成果相关信息，以加强高校创新资源开放共享。

2017年7月，中国科学院文献情报中心代表中国机构知识库推进工作组签署了《全球开放知识库网络合作协议》[②]；10月，中国科学院文献情报中心、国家科技图书文献中心分别签署OA2020倡议意向书[③]。

2018年，《科学数据管理办法》发布[④]，旨在“进一步加强和规范科学数据管理，保障科学数据安全，提高开放共享水平，更好支撑国家科技创新、经济社会发展和国家安全”。

2019年，中国科协等四部门联合印发《关于深化改革 培育世界一流科技期刊的意见》[⑤]，其中强调要拓展开放合作渠道，深化国际同行合作。

2020年1月，中国已有19个组织签署了OA2020倡议意向书；2020年1月31日，《中国学术期刊（光盘版）》电子杂志社有限公司[⑥]联合中华医学会杂志社、中华预防医学会[⑦]、中国医师协会[⑧]等基于中国知网推出了“新型冠状病毒肺炎专题研究成果网络首发平台（OA）”[⑨]；科技部、国家卫生健康委、中国科协、中华医学会联合共建的“新型冠状病毒肺炎防控和诊治科研成果学术交流平台”[⑩]开放分享COVID-19的最新研究成果，被WHO、世界医学会、国际知名出版商平台推荐和链接；国家科技期刊开放平台全新升级上线。

2021年12月24日，《中华人民共和国科学技术进步法》第二次修订[⑪]，要求推动开放科学的发展。

---

① http://www.moe.gov.cn/srcsite/A16/moe_784/201611/t20161116_288975.html.
② 顾立平 . 专题序 [J]. 中华医学图书情报杂志 , 2021, 30(3): 1-4.
③ https://www.cas.cn/yx/201710/t20171027_4619514.shtml.
④ http://www.gov.cn/zhengce/content/2018-04/02/content_5279272.htm.
⑤ https://www.cast.org.cn/art/2019/8/16/art_79_100359.html.
⑥ https://www.cnki.net/.
⑦ http://www.cpma.org.cn/.
⑧ http://www.cmda.net/.
⑨ https://cajn.cnki.net/xgbt.
⑩ http://medjournals.cn/2019NCP/index.do.
⑪ https://www.most.gov.cn/xxgk/xinxifenlei/fdzdgknr/fgzc/flfg/202201/t20220118_179043.html.

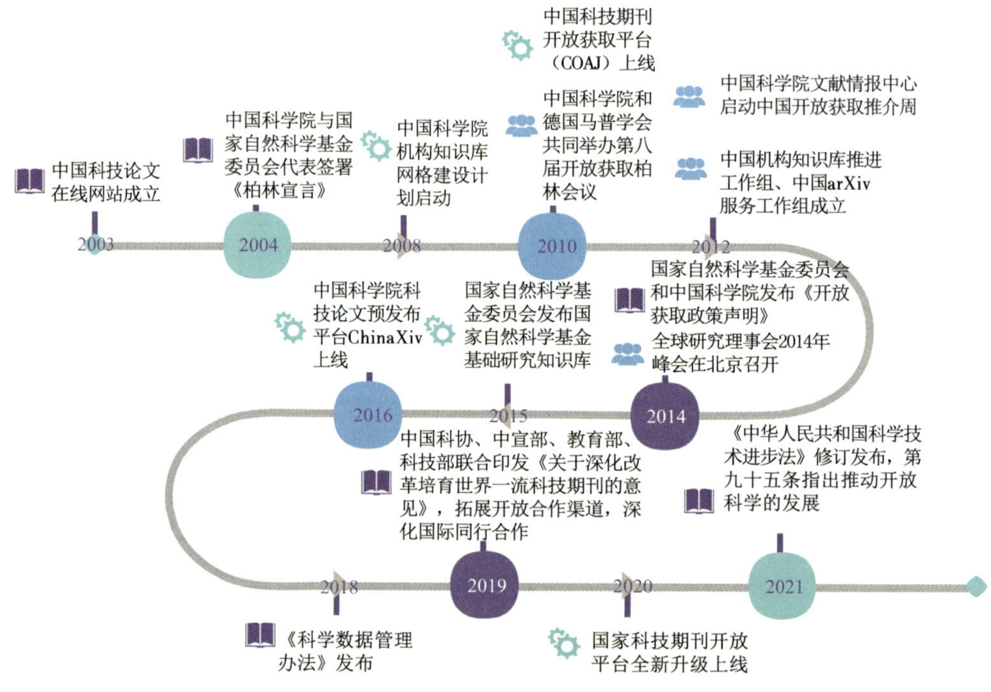

图2-1　中国开放获取历程图

2.2　中国科研人员发表国际开放获取论文情况

近年来，全球科研人员发表的开放获取论文高速增长。根据2011—2021年的Web of Science（WoS）数据，全球研究人员发表了17 117 459篇研究论文或综述，其中7 450 989篇为开放获取，占总数的43.5%；全球开放获取论文的年度论文比例一直呈增长态势，从2011年的33.3%增加到2021年的50.3%，开放获取论文的数量也相应地从397 344篇增加到1 084 565篇，年均增长率为10.6%，其中金色开放获取论文的数量从2011年的128 831篇（占所有开放获取论文的32.4%）增加至2021年的817 685篇（占所有开放获取论文的75.4%），年均增长率为20.3%，如图2-2和表2-1所示。

2.2.1　中国科研人员发表国际开放获取论文显著增长

基于WoS统计，2011—2021年，中国科研人员共发表论文3 819 228篇[①]，

① 数据库：SCIE；文献类型：论文和综述；论文作者地址中包含中国；学科分类依据WoS；检索时间为2022年3月。

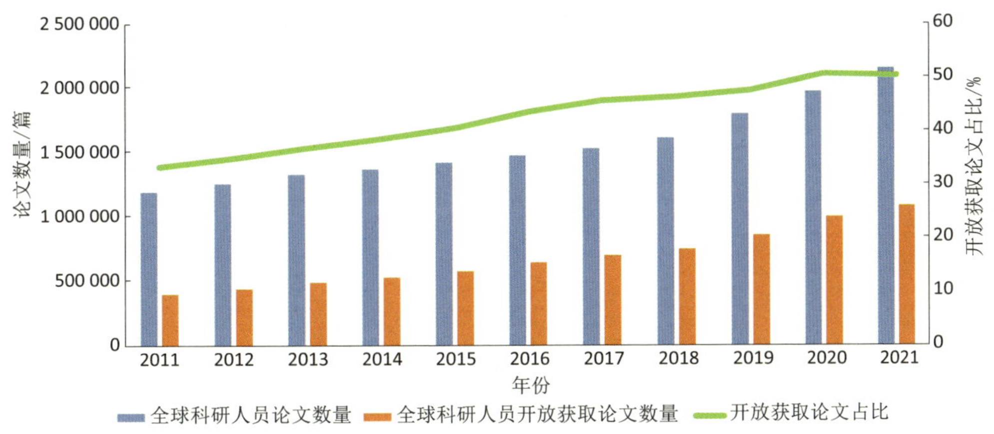

图2-2　2011—2021年全球科研人员开放获取论文数量变化

表2-1　2011—2021年全球开放获取论文数量变化

年份	全球论文数/篇	全球开放获取论文数/篇	开放获取论文占比/%	开放获取类型			
				金色开放获取论文数/篇	占比/%	非金色开放获取论文数/篇	占比/%
2011	1 193 573	397 344	33.3	128 831	32.4	268 513	67.6
2012	1 257 661	438 701	34.9	161 600	36.8	277 101	63.2
2013	1 330 264	489 521	36.8	202 502	41.4	287 019	58.6
2014	1 370 539	527 503	38.5	243 054	46.1	284 449	53.9
2015	1 421 772	575 255	40.5	273 364	47.5	301 891	52.5
2016	1 476 035	642 606	43.5	315 834	49.1	326 772	50.9
2017	1 530 336	697 339	45.6	373 225	53.5	324 114	46.5
2018	1 612 546	746 513	46.3	424 918	56.9	321 595	43.1
2019	1 798 173	854 721	47.5	531 690	62.2	323 031	37.8
2020	1 971 035	996 921	50.6	678 070	68.0	318 851	32.0
2021	2 155 525	1 084 565	50.3	817 686	75.4	266 879	24.6

其中开放获取论文1 182 163篇，占总数的31.0%。2021年，中国发表论文总数为630 906篇，其中238 771篇是开放获取论文，占比为37.8%。2011—2021年，中国开放获取论文占比不断提升，增速快于发文整体水平，其中金色开放获取

论文的增长最为突出。2011—2021年，中国开放获取论文从25 235篇增长到238 771篇，年均增长率为25.2%；金色开放获取论文从14 454篇（占开放获取论文总数的57.3%）增长到206 375篇（占开放获取论文总数的86.4%），年均增长率为30.5%。如图2-3、表2-2、图2-4所示。

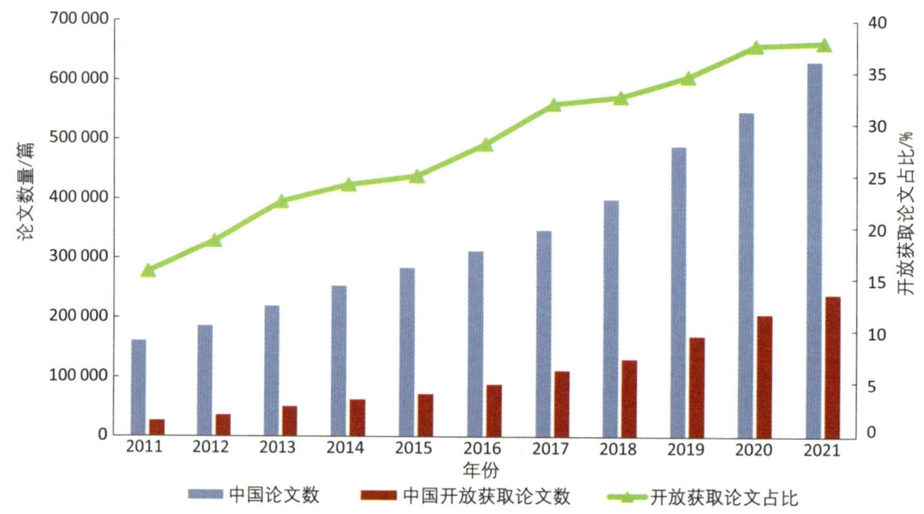

图2-3　2011—2021年中国发表论文、开放获取论文情况

表2-2　2011—2021年中国发表开放获取论文情况

年份	中国论文数/篇	中国开放获取论文数/篇	开放获取论文占比/%	开放获取类型			
				金色开放获取论文数/篇	占比/%	非金色开放获取论文/篇	占比/%
2011	159 640	25 235	15.8	14 454	57.3	10 781	42.7
2012	184 736	34 671	18.8	21 919	63.2	12 752	36.8
2013	218 156	49 193	22.5	34 609	70.4	14 584	29.6
2014	251 967	60 903	24.2	44 151	72.5	16 752	27.5
2015	282 528	70 674	25.0	51 858	73.4	18 816	26.6
2016	311 052	87 373	28.1	65 065	74.5	22 308	25.5
2017	346 840	110 861	32.0	86 767	78.3	24 094	21.7
2018	398 694	130 196	32.7	102 652	78.8	27 544	21.2

续表

年份	中国论文数/篇	中国开放获取论文数/篇	开放获取论文占比/%	开放获取类型			
				金色开放获取论文数/篇	占比/%	非金色开放获取论文/篇	占比/%
2019	488 114	168 857	34.6	138 467	82.0	30 390	18.0
2020	546 595	205 429	37.6	171 673	83.6	33 756	16.4
2021	630 906	238 771	37.8	206 375	86.4	32 396	13.6

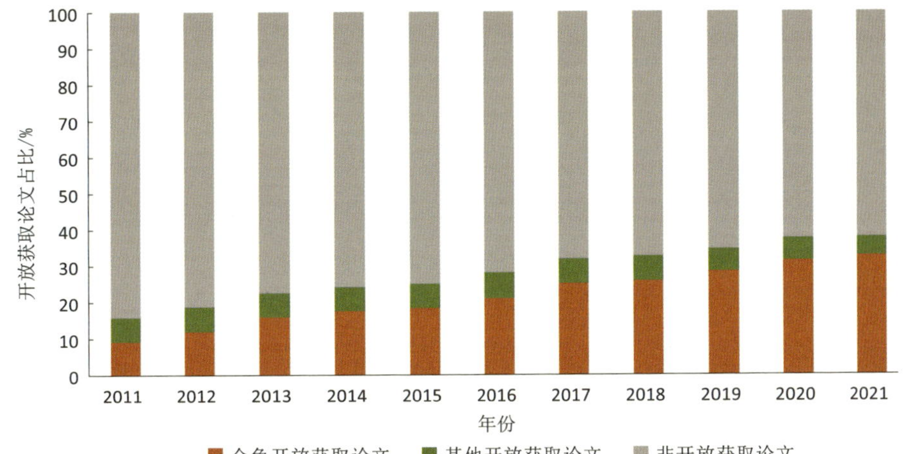

图2-4　中国金色开放获取论文、其他开放获取论文和非开放获取论文占比变化情况①

表2-3是中国作者2011—2020年10年间，分布在各Q区期刊的论文数量（基于2020年期刊Q区统计，Q区相关部分统计数据下载时间为2021年6月）。Q1区论文年均增长率为17.9%，Q2区论文年均增长率为15.5%，Q3区和Q4区分别为11.5%和8.9%。表2-4是各Q区期刊的开放获取论文数量，Q1区和Q2区年增长率均为28.5%，Q3区为33.1%，Q4区为29.0%。

图2-5是开放获取论文在各Q区论文总数中占比的变化情况。Q2区论文中，开放获取论文占比最高，2020年时达42.5%，其次是Q3区，开放获取论文占总数的39.7%。开放获取论文中70.0%以上都分布在Q1区和Q2区，2011—2020年10年间，变化不大（图2-6）。

① 数据库：SCIE；文献类型：论文和综述；论文登记地址中包含中国。

表2-3　2011—2020年中国论文Q区分布情况

年份	Q1区论文		Q2区论文		Q3区论文		Q4区论文	
	论文数/篇	增长率/%	论文数/篇	增长率/%	论文数/篇	增长率/%	论文数/篇	增长率/%
2011	58 508	–	45 020	–	31 187	–	21 821	–
2012	66 182	13.1	54 683	21.5	36 185	16.0	24 718	13.3
2013	83 376	26.0	67 249	23.0	41 876	15.7	28 195	14.1
2014	98 329	17.9	77 320	15.0	47 347	13.1	30 487	8.1
2015	116 907	18.9	85 306	10.3	54 279	14.6	32 961	8.1
2016	144 126	23.3	98 666	15.7	61 131	12.6	38 747	17.6
2017	157 390	9.2	99 918	1.3	59 658	–2.4	35 644	–8.0
2018	188 511	19.8	120 749	20.8	67 858	13.7	40 134	12.6
2019	224 333	19.0	151 046	25.1	74 929	10.4	45 221	12.7
2020	258 283	15.1	163 986	8.6	83 349	11.2	47 029	4.0

表2-4　2011—2020年中国开放获取论文Q区分布情况

年份	Q1区开放获取论文		Q2区开放获取论文		Q3区开放获取论文		Q4区开放获取论文	
	论文数/篇	增长率/%	论文数/篇	增长率/%	论文数/篇	增长率/%	论文数/篇	增长率/%
2011	7 198	–	7 271	–	2 535	–	1 507	–
2012	9 720	35.0	10 756	47.9	3 991	57.4	3 020	100.4
2013	12 821	31.9	15 508	44.2	6 296	57.8	5 794	91.9
2014	17 108	33.4	18 120	16.8	8 014	27.3	6 168	6.5
2015	23 483	37.3	19 516	7.7	10 753	34.2	7 250	17.5
2016	33 378	42.1	22 934	17.5	15 556	44.7	8 320	14.8
2017	38 535	15.5	30 507	33.0	15 216	–2.2	8 374	0.6
2018	44 781	16.2	39 990	31.1	21 172	39.1	10 154	21.3
2019	55 259	23.4	57 977	45.0	25 931	22.5	11 967	17.9
2020	69 023	24.9	69 649	20.1	33 131	27.8	14 926	24.7

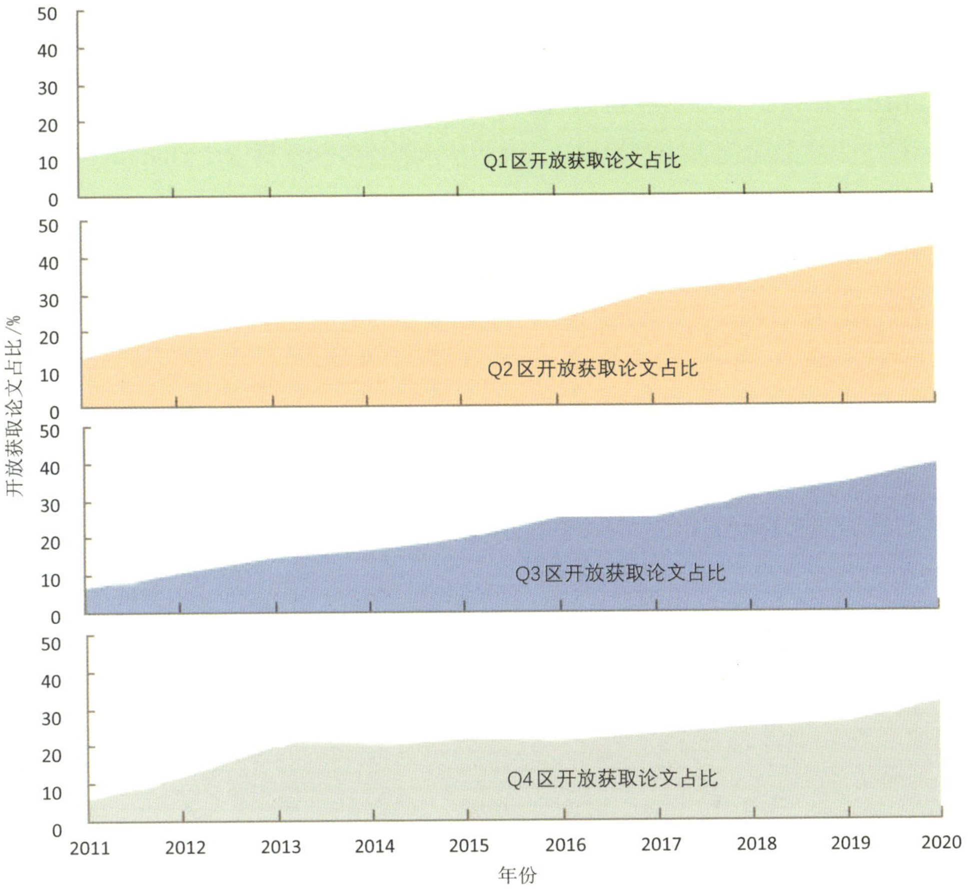

Q1区开放获取论文占比
Q2区开放获取论文占比
Q3区开放获取论文占比
Q4区开放获取论文占比
开放获取论文占比/%
年份

图2-5　2011—2020年中国开放获取论文中各Q区论文占比分布图

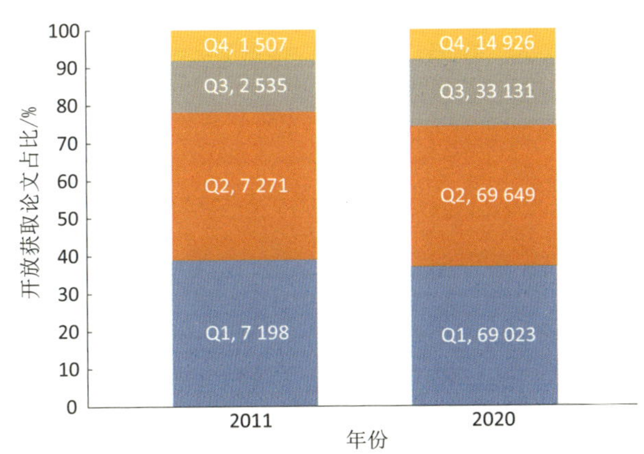

图2-6　2011年和2020年中国开放获取论文Q区分布情况

2.2.2 发表中国开放获取论文期刊的学科分布

2011—2021年中国开放获取论文中，按照发表开放获取论文期刊的学科分类（采用科睿唯安WoS学科名称的中文翻译，期刊有多个学科时，不同学科重复统计），发文数量前20名见表2-5，前5名分别是多学科科学（Multidisciplinary Sciences）、肿瘤学（Oncology）、工程（电气电子）(Engineering, Electrical & Electronic)、材料科学多学科（Materials Science, Multidisciplinary)、化学多学科（Chemistry, Multidisciplinary），位列前20的学科见表2-5。

表2-5 发表中国开放获取论文期刊所属学科发文数量前20名

	学科类别	开放获取论文数/篇	总论文数/篇	开放获取论文占比/%
1	多学科科学（Multidisciplinary Sciences）	111 538	121 479	91.8
2	肿瘤学（Oncology）	82 799	140 368	59.0
3	工程（电气电子）(Engineering, Electrical & Electronic)	79 492	253 941	31.3
4	材料科学多学科 (Materials Science, Multidisciplinary)	78 203	423 197	18.5
5	化学多学科（Chemistry, Multidisciplinary）	70 205	251 464	27.9
6	医学，研究和试验 (Medicine, Research & Experimental)	60 457	103 724	58.3
7	应用物理学（Physics, Applied）	56 884	243 941	23.3
8	环境科学（Environmental Sciences）	55 386	191 602	28.9
9	细胞生物学（Cell Biology）	53 965	89 173	60.5
10	计算机科学，信息系统 (Computer Science, Information & Systems)	49 476	94 724	52.2
11	生物化学与分子生物学 (Biochemistry & Molecular Biology)	48 888	142 700	34.3
12	电信（Telecommunications）	47 461	93 264	50.9
13	生物工程学和应用微生物学 (Biotechnology & Applied Microbiology)	35 735	86 079	41.5
14	药理学和药剂学 (Pharmacology & Pharmacy)	34 930	104 145	33.5

续表

	学科类别	开放获取论文数/篇	总论文数/篇	开放获取论文占比/%
15	医学，全科和内科 (Medicine, General & Internal)	34 632	45 004	77.0
16	纳米科学和纳米技术 (Nanoscience & Nanotechnology)	31 909	156 951	20.3
17	光学 (Optics)	29 950	107 215	27.9
18	数学 (Mathematics)	29 389	64 549	45.5
19	应用数学 (Mathematics, Applied)	28 654	84 785	33.8
20	物理多学科 (Physics, Multidisciplinary)	27 406	71 363	38.4

2.2.3 发表国际开放获取论文的中国机构分布

发表国际开放获取论文最多的中国机构见表2-6（按全部作者的全部机构统计），前5名分别是中国科学院、中国科学院大学、上海交通大学、北京大学和浙江大学。

表2-6 发表国际开放获取论文的中国机构发文数量前20名[①]

	机构名称	开放获取论文数/篇	总论文数/篇	开放获取论文占比/%
1	中国科学院 (Chinese Academy of Sciences)	148 405	495 414	30.0
2	中国科学院大学 (University of Chinese Academy of Sciences)	46 898	152 315	30.8
3	上海交通大学 (Shanghai Jiao Tong University)	43 096	116 180	37.1
4	北京大学 (Peking University)	39 562	93 938	42.1
5	浙江大学 (Zhejiang University)	39 276	112 869	34.8
6	中山大学 (Sun Yat-sen University)	34 094	80 308	42.5
7	复旦大学 (Fudan University)	33 152	77 322	42.9
8	清华大学 (Tsinghua University)	29 201	97 383	30.0

① 如果一篇论文涉及多个发文机构，每个机构各计1次。

续表

	机构名称	开放获取论文数/篇	总论文数/篇	开放获取论文占比/%
9	华中科技大学（Huazhong University of Science and Technology）	25 374	75 033	33.8
10	四川大学（Sichuan University）	24 037	73 466	32.7
11	山东大学（Shandong University）	23 477	68 252	34.4
12	中南大学（Central South University）	22 497	66 955	33.6
13	武汉大学（Wuhan University）	20 563	56 210	36.6
14	南京大学（Nanjing University）	19 936	60 288	33.1
15	吉林大学（Jilin University）	19 053	62 793	30.3
16	中国科学技术大学（University of Science and Technology of China）	18 824	63 259	29.8
17	西安交通大学（Xi'an Jiaotong University）	17 897	65 461	27.3
18	同济大学（Tongji University）	16 422	52 949	31.0
19	哈尔滨工业大学（Harbin Institute of Technology）	12 205	61 505	19.8
20	天津大学（Tianjin University）	10 441	51 030	20.5

2.3 中国科研人员对开放获取的认知

2022年6—7月，项目团队组织了面向中国科研人员开放获取认知的问卷调查，收到1 768份有效问卷。统计显示，81.56%的受访者支持科技期刊开放获取出版，对开放获取非常了解和比较了解的受访者分别占16.23%和42.42%，详见图2-7。

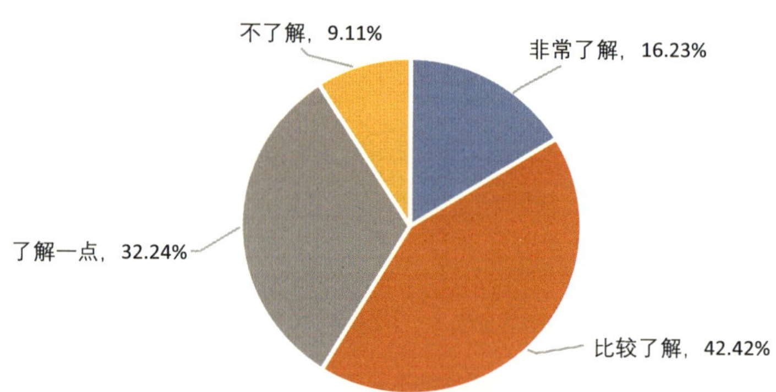

图2-7　中国科研人员对开放获取的了解程度

受访者认为给开放获取期刊投稿的具体原因，主要还是为了扩大传播范围和加速研究成果的出版与传播（图2-8）。愿意给传统订阅期刊和混合开放获取期刊投稿的人数相差不大，分别占63.91%和65.84%，愿意给金色开放获取期刊投稿的占35.63%，愿意投给延时开放期刊的只有5.32%。中国科研人员能够接受论文处理费（APC）的范围，66.35%集中在5 000元以下，28.88%集中在5 000~10 000元，超过10 000元[①]的不到5%（图2-9）。

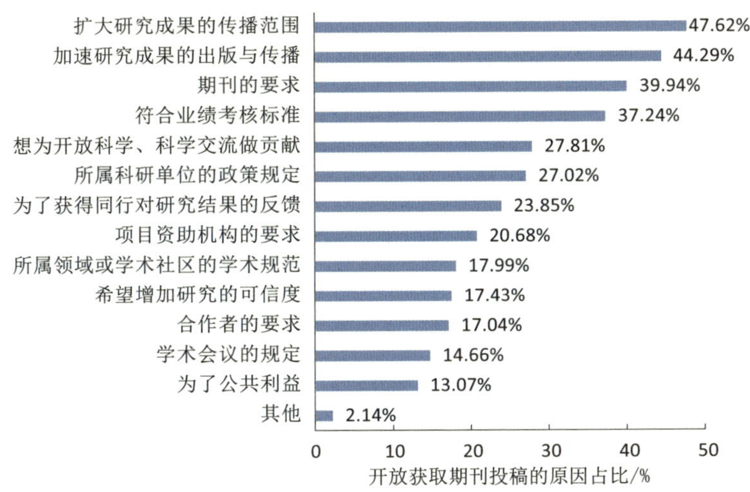

图2-8　中国科研人员向开放获取期刊投稿的原因

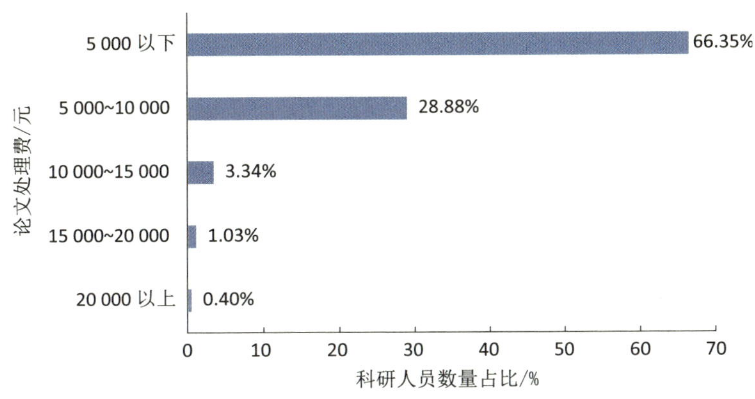

图2-9　中国科研人员能接受论文处理费的区间

① 2022年8月1日，人民币兑美元汇率为1元≈0.15美元。

2.4 中国的开放出版模式

2.4.1 中国科技期刊开放获取出版总体情况

正如本报告1.3节描述的一样，中国的开放获取期刊同样可以划分为金色、钻石以及混合模式。此外，中国的青铜开放获取期刊是指期刊出版单位（在期刊网站）使发表内容可公开获取，这类期刊又可进一步划分为全文开放获取青铜期刊和仅部分论文开放获取的混合青铜期刊。需要注意的是，这种青铜开放获取没有执行任何的CC许可协议。

（1）青铜开放获取期刊（免费全文期刊）：指期刊以期为单元出版后，即时或者延迟在其网站上提供本期全部论文的全文免费阅读、下载。

（2）青铜开放获取期刊（部分免费全文期刊）：指期刊以期为单元出版后，即时或者延迟在其网站上提供部分论文的全文免费阅读、下载。

项目团队调研了《中国科技期刊发展蓝皮书（2021）》统计的4 963种科技期刊的开放获取情况，如图2-10所示。截至2022年5月17日，开放获取期刊共有1 810种，占中国科技期刊总数的36.47%。其中，金色开放获取期刊227种，占中国科技期刊总数的4.57%；混合开放获取期刊101种，占2.04%；钻石开放获取期刊最少（23种），占0.46%；青铜开放获取期刊1 459种，占29.40%。订阅期刊2 141种，占43.14%。其余的1 012种期刊因缺少足够的信息尚无法确认。在101种混合开放获取期刊里英文期刊占绝对多数，有99种，其余2种都是中文期刊。青铜开放获取期刊的中文期刊占绝对多数，有1 321种，其次是中英文73种、英文64种。

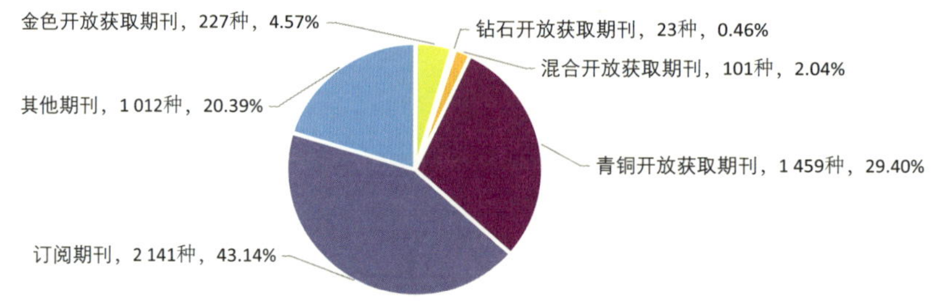

图2-10 中国科技期刊开放获取和非开放获取类型分布种数和占比

2.4.2 中国高影响力科技期刊开放获取出版现状

中国科学引文数据库（CSCD）是中国具有较高学术影响力的科技期刊数据库之一，截至2021年底，CSCD收录中国出版的中文、英文科技期刊1 262种，约占中国科技期刊出版总量的25%，其中英文期刊245种，中文期刊1 017种。CSCD来源期刊每两年遴选一次，每次遴选均采用定量与定性相结合的方法，定量数据来自于CSCD，定性评价则通过聘请国内专家对期刊进行评审。CSCD的1 262种来源期刊覆盖了STM各学科领域，并以ISI Web of Knowledge为平台，实现了与WoS的跨库检索。

截至2022年3月底，CSCD收录的1 262种期刊中金色开放获取的有141种，混合开放获取的有83种，共占17.8%[①]；全文免费的青铜开放获取期刊有753种，部分全文免费的青铜开放获取期刊有76种，共占65.7%。1 262种期刊中有83.4%（1 053种）可以不通过订阅而全文或部分全文免费阅读，尤其是全文免费的青铜开放获取期刊占总数的59.7%（753种），成为中国高影响力科技期刊的特色服务（表2-7）。

（1）语种统计。CSCD收录的245种英文期刊中，金色开放获取和全文免费的青铜开放获取分别占40.0%和17.1%；混合开放获取和部分全文免费的青铜开放获取分别占33.9%和2.4%，4种开放获取模式的期刊总数共计占93.4%。1 017种中文期刊中，4种开放获取模式的期刊总数共计占81.0%（表2-7）。

表2-7 CSCD收录1 262种科技期刊的开放获取出版统计 （单位：种）

期刊语种	金色开放获取	混合开放获取	青铜开放获取（全文免费）	青铜开放获取（部分全文免费）	全文订阅
英文期刊	98	83	42	6	16
中文期刊	43	–	711	70	193
总计	141	83	753	76	209
占比/%	11.2	6.6	59.7	6.0	16.6

（2）学科分布。CSCD期刊中，数学领域的金色开放获取、混合开放获

① 本书统计数据由于“四舍五入”的原因，存在图表中合计数据不等于正文中实际计算所得数据的情况，下同。

取期刊占比最高，为32.3%；其次是生物科学领域，为30.1%；化学领域为29.6%。在青铜开放获取期刊中，环境科学领域有84.4%的期刊采用全文免费或部分全文免费模式，农业科学领域为79.4%，多学科综合性领域为74.3%。

（3）发文情况统计。2020年度CSCD 894种金色开放获取期刊和全文免费的青铜开放获取期刊共计发表论文16.83万篇，占当年论文总量的77.1%，略高于两类期刊数量的占比（70.8%）。

（4）机构统计。中国科协主管的全国学会主办的期刊中，有15.0%的期刊采用金色开放获取或混合开放获取模式，有71.1%的期刊采用青铜开放获取模式；中国科学院主管的期刊中，有24.7%的期刊采用金色开放获取或混合开放获取模式，有67.4%的期刊采用青铜开放获取模式；高校期刊中，有19.5%的期刊采用金色开放获取或混合开放获取模式，有65.7%的期刊采用青铜开放获取模式。

2.4.3 中国科技期刊卓越行动计划期刊开放获取出版情况

2019年，中国科协、财政部、教育部、科学技术部、国家新闻出版署、中国科学院、中国工程院联合实施中国科技期刊卓越行动计划（2019—2023）[①]，包括领军期刊、重点期刊、梯队期刊、高起点新刊、集群化试点、数字化平台、选育高水平办刊人才等子项目，基本涵盖了中国最具有国际影响力的科技期刊。

截至2022年3月25日，在245种领军期刊、重点期刊、梯队期刊中（除去5种科普期刊），青铜开放获取期刊数量最多[②]，占34%，主要以中文期刊为主；其次为混合开放获取期刊，占25%，全部为英文期刊；金色开放获取和钻石开放获取期刊主要为英文期刊，合计占32%；订阅模式期刊仅占9%，具体如图2-11所示。从数据来看，中国科技期刊卓越行动计划入选英文期刊正在积极响应开放获取；而中文期刊也在积极支持国际开放获取计划，但目前缺少统一的标准，从当期内容可获取来看，中文期刊的开放获取转型具有较大潜力。

① https://www.cast.org.cn/art/2019/9/19/art_458_101785.html.

② 绝大多数期刊都没有明确提出支持绿色OA，少数期刊绿色OA与其他模式并存。例如，《分子植物》就同时支持开放获取和开放存档，我们将其计入混合开放获取期刊类别。

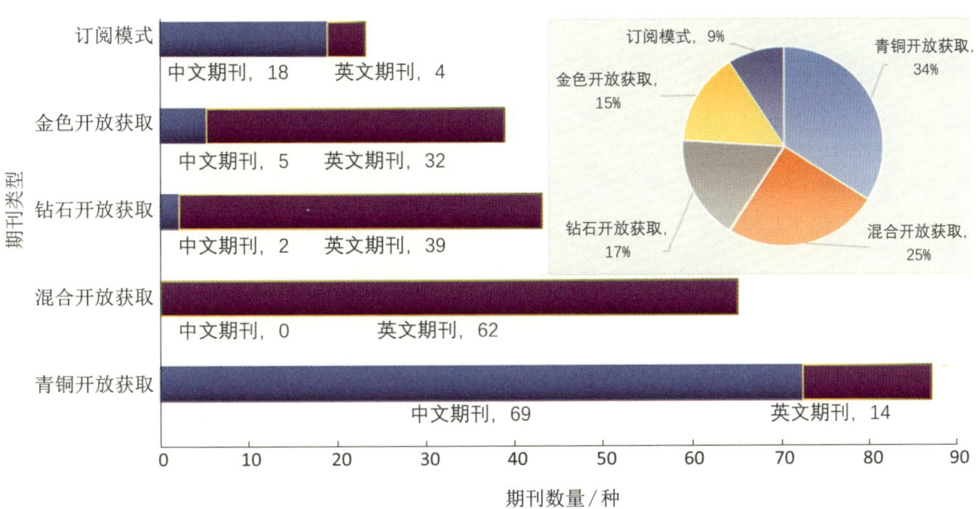

图2-11　中国科技期刊卓越行动计划期刊开放获取模式及语种情况

除两种金色开放获取和1种混合开放获取期刊未注明论文处理费（APC）[①]外，混合开放获取期刊的论文处理费相对金色开放获取高出很多，单篇论文多为16 000～21 000元（相当于2 500～3 300美元），中位数是17 107元；而金色开放获取期刊较多为9 000～13 000元（相当于1 400～2 100美元），中位数是12 500元，如图2-12所示。此外，中文期刊论文处理费低于英文期刊。在5种金色开放获取中文期刊（《测绘学报》《煤炭学报》《生物技术通报》《植物营养与肥料学报》《作物学报》）中，单篇收费最高的为6 480元（1 000美元左右）。收费最低的5种金色开放获取期刊中，有4种为中文期刊。

① 我们收集了青铜开放获取和订阅获取期刊以外期刊的论文处理费，期刊如果被DOAJ收录，其论文处理费数据则直接来源于DOAJ数据库（DOAJ标注了其收录期刊的APC），其他期刊论文处理费数据来源于官方网站。当期刊论文处理费对不同地区有不同标准时（如与施普林格合作的混合开放获取期刊通常有美元、英镑、欧元三个收费标准），我们统一换算成人民币，并取平均值。对于按页计费的期刊，我们找到最新一期期刊，下载所有PDF版研究论文，计算平均页数，最终得到平均论文处理费。

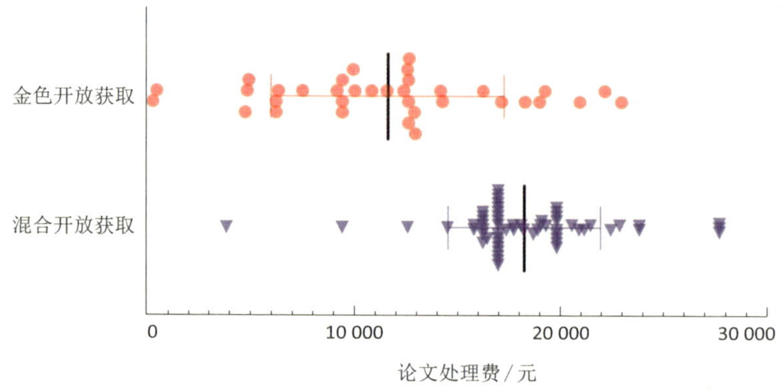

图2-12 中国科技期刊卓越行动计划期刊论文处理费分布图

中国科技期刊卓越行动计划高起点新刊基本采取开放获取模式。截至2022年3月25日，对已经出版的30种高起点新刊的开放获取情况统计发现，除了《无人系统（英文）》（*Unmanned Systems*）标注为混合开放获取期刊外，其余期刊均为金色开放获取期刊，其中约一半的期刊已被DOAJ收录；有论文处理费记录的期刊收费为0～3 500美元。很多期刊采取创刊初期限时免收论文处理费的策略来吸引学者投稿，根据这些期刊官网介绍，免收的这部分论文处理费由相关机构补贴。高起点新刊主要的合作出版商包括北京科爱森蓝文化传播有限公司、威科集团、爱思唯尔集团等。

2.4.4 DOAJ中国期刊出版情况

据2022年4月初统计，DOAJ中只有179种中国期刊①。DOAJ收录中国期刊以英文期刊为主，占69%；其次是中文期刊，占22%；中英文双语的期刊占9%，如图2-13所示。179种期刊中，超过一半属于钻石开放获取期刊，93种期刊不收取论文处理费，38种期刊论文处理费低于5 000元，41种为5 001～10 000元，6种为10 001～20 000元，只有1种超过20 000元（图2-14）。

① 根据申请者所在地统计。此外，由于一部分中国期刊是和国际出版商合作出版，申请数据库也由国际出版商来进行，所以登记所在地时未含中国，本次统计未纳入。DOAJ自2014年开始将申报情况纳入数据库，故从2014年开始。

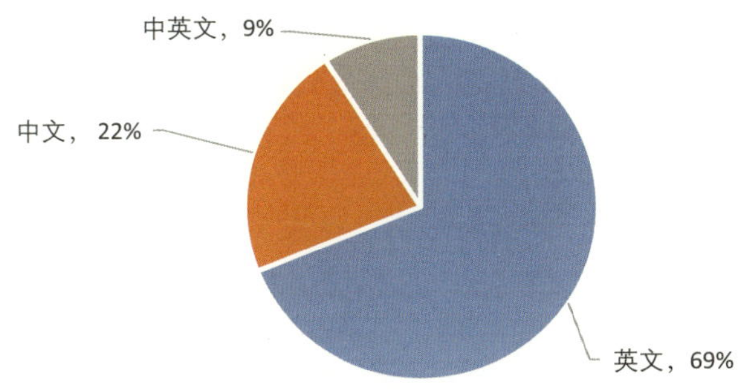

图2-13　DOAJ中国期刊语种情况

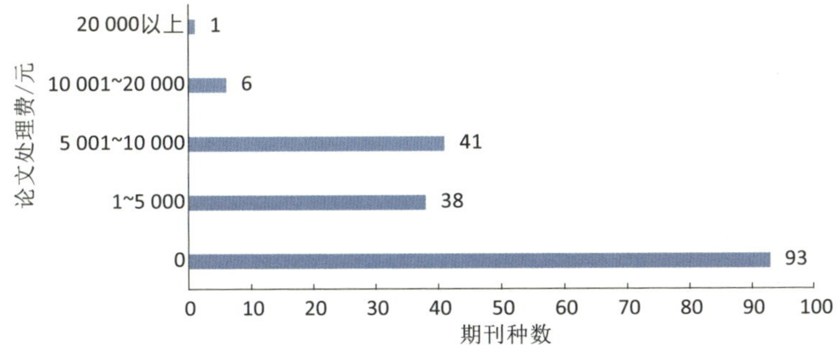

图2-14　DOAJ中国期刊论文处理费分布图

2.4.5　论文处理费支付服务

在中国，约有35家出版机构正与全球版权结算中心（Copyright Clearance Center，CCC）的RightsLink合作。这35家中没有严格意义上的中国本土出版机构，但有几家在中国有出版合作伙伴。从作者的角度看，许多中国作者都在使用RightsLink支付他们的论文处理费。2021年，中国教育图书进出口有限公司（CEPIEC）推出了SocoPay服务，全面支持中国用户单篇文献的购买和跨境便捷支付。目前中国已有近百家学术机构使用SocoPay服务，用于包括论文处理费在内的各种学术支付业务。

2.4.6　中国的开放出版转换协议

2020年5月，中国机构签署首个开放出版转换协议。至2022年8月底，中国机构共签署开放出版转换协议（Transformative Agreements，TAs）8份，其中“阅读与出版”（Read and Publish，R&P）协议6份，“出版与阅读”（Publish and

Read，P&R）协议1份，“订阅–开放”（Subscribe-to-Open，S2O）协议1份。8份开放出版转换协议的具体条款略有不同，其中协议期限从1年到无固定年限不等。见表2-8。2022年均在有效期内；在阅读的部分，这几份协议均支持采购机构阅读相应出版机构全部期刊论文；在发表的部分，各协议的约定有差别。

表2-8 中国转换协议统计表

签署时间	中国机构	国际出版机构	合作年限
2020年5月	中国科学院文献情报中心	牛津大学出版社	3年
2021年	中国医学科学院	Karger出版社	3年
2021年7月	中国科学院文献情报中心	美国计算机学会出版社	5年
2021年	上海交通大学	剑桥大学出版社	1年
2021年底	清华大学	国际水协会	无固定年限
2022年	清华大学	美国计算机学会出版社	3年
2022年	清华大学	剑桥大学出版社	1年
2022年	中国科学院微生物研究所	英国微生物学会	2年

2.5 中国的开放数据

2.5.1 中国的科学数据管理

科学数据是科研工作的重要产出之一，是支撑科研创新活动的基础性战略资源。中国政府高度重视科学数据管理，科学数据开放共享法律法规体系日臻完善。2018年，国务院办公厅颁布《科学数据管理办法》①，提出“政府预算资金资助形成的科学数据应当按照开放为常态、不开放为例外的原则，……，面向社会和相关部门开放共享”，从而明确了科学数据管理的职责、原则、方式和机制②，各级地方政府、机构等随即发布实施细则③。此后，中国的科学数据共享立法立规、配套政策建设工作加速进行，陆续出台包括《中华人民共和国人类

① 国务院办公厅. 国务院办公厅关于印发科学数据管理办法的通知 [EB/OL]. [2022-04-02]. http://www.gov.cn/zhengce/content/2018-04/02/content_5279272.htm.

② 王瑞丹，杨静，高孟绪，等. 加强和规范我国科学数据管理的思考 [J]. 中国科技资源导刊，2018, 50(2): 1-5.

③ 高瑜蔚，石蕾，朱艳华，等.《科学数据管理办法》实施细则比较研究——以正式发布的11份细则为例 [J]. 中国科技资源导刊，2019, 51(3): 1-10+17.

遗传资源管理条例》（2019年7月）、《中华人民共和国生物安全法》（2021年4月）、《中华人民共和国数据安全法》（2021年6月）、《中华人民共和国个人信息保护法》（2021年8月）等在内的法律法规，逐步形成了以确保国家安全、个人隐私安全为前提的科学数据开放共享法律法规保障体系[①]，对推动中国科学数据共享工作良性健康发展具有重要意义。

2.5.2 中国科技期刊的数据共享

在全球的开放科学浪潮中，中国科技期刊愈发重视提升研究的透明性、可重复性等工作。2020年，中国科协开发建设科技论文关联数据仓储及应用服务平台，旨在推动世界一流科技期刊建设，服务中国科技期刊论文发表中的科学数据提交、存储和应用，促进科学数据的共享使用；该项工作形成了科技论文关联数据的政策框架及系列标准规范，中国科协主管的500余种科技期刊和中国科技期刊卓越行动计划入选期刊将使用该平台，从而进一步推动中国期刊的科学数据共享工作。2021年6月，中国科学院对其主管的400余种科技期刊提出论文关联数据的管理工作要求，并在“十四五”期间部署期刊专项，促进科技期刊开始关注和探索实践科学数据共享工作。2022年，中国科协立项开展科学数据开放共享标准研究、数据仓储服务支撑能力建设等。2022年4月，国家新闻出版署在开展2021年度期刊核验工作中，将学术期刊的论文数据管理与共享情况纳入核验内容[②]。

以中国科技期刊卓越行动计划期刊为例，据统计（表2-9）[③]，截至2021年底，2019年首批入选中国科技期刊卓越行动计划的共计250种领军期刊、重点期刊和梯队期刊中（考虑到新创期刊的实施进度不同，暂未将高起点新刊统计在内），分别有81.8%、55.2%和34.2%的期刊制定了期刊数据政策。其中，三个层次中又分别有36.3%、3.4%和2.5%的期刊采用强制数据政策，要求作者将数据存储到指定的数据存储库中，提供数据的标识、可用性声明以及引用格式，

① Li C, Zhou Y C, Zheng X H, et al. Tracing the Footsteps of Open Research Data in China. Learned Publishing. 2022, 35: 46-55. https://doi.org/10.1002/leap.1439.

② 国家新闻出版署．国家新闻出版署关于开展2021年度期刊核验工作的通知 [EB/OL]. [2022-04-02]. https://www.nppa.gov.cn/nppa/contents/279/103765.shtml.

③ 孔丽华，刁妍，姜璐璐．科技期刊关联数据开放共享及出版政策研究 [J]. 中国科技期刊研究，2022, 33(2): 192-199.

并对数据进行一定程度的审核，以数据的共享发布作为论文发表的前提；部分期刊鼓励数据共享，将提交数据作为一般性建议，但不作为论文出版的必要条件；还有部分期刊采取强烈建议模式，从数据标识、可用性声明以及引用等方面给出指导性建议，作者自行决定共享协议。

表2-9　卓越计划入选期刊的数据政策统计　　（单位：种）

期刊类型	入选期刊数量	期刊数据共享（出版）政策			
		鼓励数据共享	强烈建议	强制要求/特定要求	没有相关政策
领军期刊	22	7	3	8	4
重点期刊	29	10	5	1	13
梯队期刊	199	52	11	5	131

首批入选中国科技期刊卓越行动计划期刊中的60%为英文期刊，且多与国际出版机构有相关合作。调查结果显示，这类期刊大多在遵循出版机构统一政策的基础上，选择执行与自己期刊相符合的数据政策，如《地球化学学报（英文）》《生态系统健康与可持续性（英文）》等。相比而言，入选中国科技期刊卓越行动计划的中文期刊自行制定数据政策的很少。此外，还存在部分期刊官方网站的数据政策声明不明确、数据政策制定标准不一致、对数据可用性声明以及数据引用的要求各不相同等问题。

2022年3月，《数据分析与知识发现》发布该刊的《论文支撑数据公共保存与共享暂行办法》①，要求所有被录用论文的论文支撑数据，在稿件被录用后在该刊选择的公共获取数据平台长期保存并按规范授权开放获取，这是中国现阶段首个较为完整的期刊数据政策。总体而言，中国期刊在制定数据政策上起步较晚，期刊或资助者将共享数据或材料作为出版或资助条件的比例很低。

在科学数据研究出版实践上，中国首本科学数据研究期刊《中国科学数据（中英文网络版）》（*China Scientific Data*）在2015年8月面世，中国期刊开始探索建立科学数据产权保护的新方法，推动科学数据出版与数据引用；截至2022

① 《数据分析与知识发现》编辑部．论文支撑数据公共保存与共享暂行办法[J]. 数据分析与知识发现，2022, 6(2/3): 3-6.

年4月底，该刊已出版数据论文459篇，是中国唯一专门面向多学科领域科学数据出版的学术期刊。此外中国还创办了《全球变化数据学报（中英文）》《地球大数据》《数据智能》等专业学科领域的数据期刊。同时，不断有学术期刊开设“数据论文”栏目，探索数据出版实践，如《大气科学进展》《生物多样性》《植物生态学报》《中国物理B》《化工学报》等（图2-15）。

图2-15　专业学科领域的数据期刊

SciVal的统计显示（图2-16）[①]，在中国作者2016—2020年发表的论文中，约有2.19%的论文共享了科学数据（全球同期发表论文中约有1.90%共享了科学数据）；虽然从占比上看共享数据的论文仍属少数，但其增长趋势十分显著（5年复合增长率约为15.71%）。此外，越来越多的中国学者开始发表数据论文，将优质的科学数据开放全球共享。据Web of Science核心合集数据检索（图2-17）[②]，2016—2020年中国学者发表的数据论文中共计915篇被收录，仅2020年一年发文量就达315篇。

2.6　中国的开放学术平台

根据学术平台的功能定位，可以将中国的开放学术平台分为机构知识库、开放资源平台、开放获取出版传播平台、预印本平台4类[③]（以下数据采集时间均为2022年4月底）。机构知识库建设主体一般为科研机构、高等院校等，是以

① 数据来源为SciVal数据库，所有文献类型，全球数据，2001—2020年，检索时间为2022年4月2日。

② 数据来源为Web of Science核心合集数据库，出版时间为2016—2020年，国家/地区为中国，文献类型为数据论文，检索时间为2022年4月2日。

③ 参照《中国科技期刊发展蓝皮书（2021）》对开放平台的分类，见：中国科学技术协会. 中国科技期刊发展蓝皮书（2021）[M]. 北京：科学出版社, 2021: 143-145.

图 2-16　2016—2020年中国学者发表论文数量与共享数据论文数量

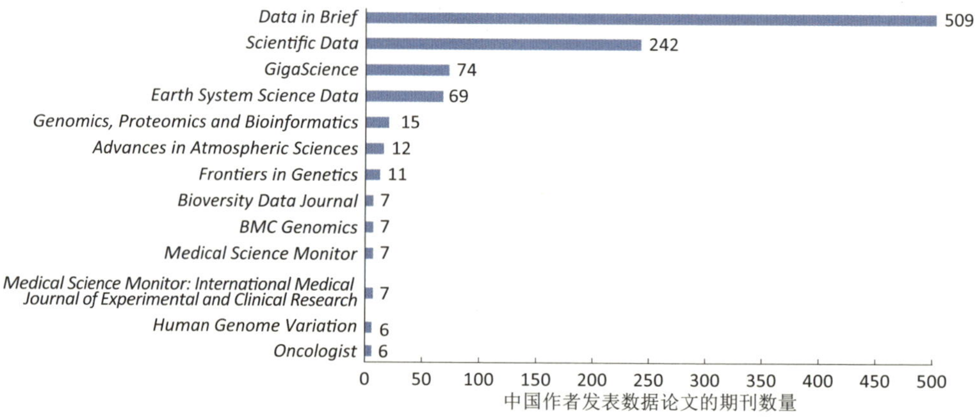

图2-17　2016—2020年Web of Science核心合集收录中国学者发表数据论文的期刊分布

本机构成员在工作过程中所创建的各种数字化产品为内容的知识库，便于全球学者、机构之间的学术交流与分享。开放资源平台遵循相关的知识产权和使用权益，收集互联网的开放获取资源，为用户提供集中、便捷、免费的查询、统计、下载等服务，有利于促进开放资源的共享利用。开放获取出版传播平台是指采取开放获取模式发表出版物的平台。预印本平台是指发表预印本的平台。

2.6.1　机构知识库

中国有三大机构知识库联盟，分别是面向高校的中国高校机构知识库联盟（CHAIR）、面向中国科学院的中国科学院机构知识库网格（CAS IR GRID），以及面向国家基金成果的国家自然科学基金基础研究知识库。

（1）中国科学院机构知识库网格。中国科学院文献情报中心项目支持，2009年筹建。目前已有114个研究所建成机构知识库，并在CAS IR GRID平台上集成检索期刊论文、会议论文、学位论文、专利、获奖成果、专著、演示报告、研究报告、文集等信息资源（http://www.irgrid.ac.cn）。

（2）中国高校机构知识库联盟。由中国高等教育文献保障系统（China Academic Library & Information System，CALIS）管理中心组织部分中国高校图书馆2016年共同发起，联盟的51个会员机构中有21家高校图书馆在平台上链接了各自机构知识库并提供公开访问权限（ http://chair.calis.edu.cn/ ）。

（3）以中国基金资助研究成果为主的知识库。国家自然科学基金基础研究知识库（NSFC-OR）最具代表性。NSFC-OR由国家自然科学基金委员会于2015年创建，收集并保存了资助项目成果的研究论文的元数据与全文。截至2022年4月底，平台公开研究论文836 067篇，涉及1 415 844位作者、2 233家研究机构（https://ir.nsfc.gov.cn/）。

至2022年5月底，开放知识库目录（Open DOAR）（www.opendoar.ory）收录的中国机构知识库有65个，仅是美国收录数（919个）的7.1%，占全球总数（5 864个）的1.1%。

2.6.2 开放资源平台

开放资源平台主要有以下5种。

（1）以中国科技期刊文献为主。主要有中国科技论文在线（Sciencepaper Online）和国家科技期刊开放平台。中国科技论文在线由教育部科技发展中心创建于2003年，收录850种科技期刊（含中文、英文期刊），130万篇文献（http://www.paper.edu.cn/）。国家科技期刊开放平台由中国科学技术信息研究所于2020年承建，截至2022年4月底，收录期刊1 325种，论文892万篇（https://doaj.istic.ac.cn/）。

（2）以机构库集成资源为主。以中国开放科研知识云（CORC）为代表，中国科学院文献情报中心项目2017年支持筹建，中国科学院兰州文献情报中心承建，在CAS IR GRID的114个中国科学院研究所机构知识库的基础上，增加了122所高校以及49个其他科研机构（如省市级科学院、研究院）的机构知识库（http://www.corc.org.cn）。

（3）以国际开放获取论文为主。主要有GoOA、Socolar等。GoOA由中国科学院文献情报中心创建于2013年，收录了经严格遴选的来自144家知名出版机构的2 500余种开放获取期刊及其全文（http://gooa.las.ac.cn/）。Socolar由中国教育图书进出口有限公司于2006年创建，截至2022年4月底，收录1 048个开放获取知识库（包含文章1 039万篇）以及来自全球100多个国家、近7 000家出版机构的31 972种学术期刊，其中11 827种为开放获取期刊，共计1 534万篇开放获取论文（http://www.socolar.com/）。

（4）以中国哲学社会科学期刊文献为主。国家哲学社会科学学术期刊数据库（NSSD）最具代表性。NSSD由中国社会科学院于2013年承建，是我国最大的社会科学开放获取平台，实现学术资源的开放共享，为学术研究提供有力的基础条件。截至2022年4月底，NSSD收录期刊2 118种，论文1 140万篇（http://www.nssd.cn）。

（5）国家科技文献信息统一共享开放平台。该平台由中国科学技术信息研究所按照国家中长期规划设计，基于国家元数据战略，全面开展中外科技文献数字资源长期保存；推进知识元素的碎片化、关联化，形成可发现、可计算、一体化的开放知识体系；消除信息孤岛，打破融合障碍，构建科技信息开放交流生态。

2.6.3 开放获取出版传播平台

中国科技期刊卓越行动计划中的集群化试点项目和国际化数字出版服务平台子项目分别设5个和3个建设项目，旨在打造开放出版平台，营造良好的中国开放出版生态。截至2022年7月底，有4个集群化出版平台和3个数字出版服务平台已在运行，见表2-10。

表2-10 中国科技期刊卓越行动计划开放出版传播平台统计表

名称	初始建设年份	卓越项目	主办机构	链接
科技期刊数字化传播国际平台（SciOpen）	2019	数字化	清华大学出版社	https://www.sciopen.com
科技期刊数字化运营国际平台	2019	数字化	中国学术期刊（光盘版）电子杂志社有限公司	服务平台，无网址

续表

名称	初始建设年份	卓越项目	主办机构	链接
科技期刊数字化生产国际平台	2019	数字化	方正电子	服务平台，无网址
MedNexus	2021	集群化	中华医学会杂志社	https://www.medNexus.org
SciEngine	2016	集群化	科学出版社	https://www.sciengine.com
Frontiers Journals	2006	集群化	高等教育出版社	https://journal.hep.com.cn
CLP Publishing	2019	集群化	中国激光杂志社	https://www.researching.cn

2.6.4 预印本平台

中国预印本平台主要为教育部科技发展中心主办的中国科技论文在线（论文首发业务）、中国科学技术信息研究所与国家科技图书文献中心联合建设的中国预印本服务系统、中国科学院科技论文预发布平台和中国医学科学院医学信息研究所的生物医学科技论文预印本系统。

（1）中国科技论文在线（Scienceaper Online）。教育部科技发展中心主办，2003年开始建设，截至2022年4月底，首发论文104 246篇（www.paper.edu.cn）。

（2）中国预印本服务系统。中国科学技术信息研究所与国家科技图书文献中心2004年联合建设，目前预印本系统的用户信息已经并入NSTL网络服务系统之中（https://preprint.nstl.gov.cn）。

（3）中国科学院科技论文预发布平台（ChinaXiv）。中国科学院文献情报中心2016年打造，包含中国心理学预印本平台PsyChinaXiv、中国生物工程预印本出版平台、岩土力学预印本平台、中国语音乐律预印本平台、中国图情档预印本平台（试用）、贵州省学术预印本平台（试用）、中国护理学预印本平台（ChinaXiv-NursRxiv）7个子平台；与29种期刊建立合作关系；可查询国际上近26 000种期刊的预印本政策（http://chinaxiv.org/home.htm）。

（4）生物医学科技论文预印本系统（biomedRxiv）。为全力配合新型冠状病毒肺炎防控和诊治工作，提升最新研究成果的传播效率，中国医学科学院医学信息研究所于2020年5月正式推出biomedRxiv，用于快速发布和存储我国生物医学领域的最新研究成果。学科分类涉及新型冠状病毒肺炎、基础医学、临床医学、预防医学、中医学、肿瘤学等在内的20个一级学科及其涵盖的160余个二级学科（https://www.biomedrxiv.org.cn/）。

2.7 中国开放获取国际合作情况

2.7.1 中国发表的开放获取国际合作论文情况

基于WoS统计，中国发表国际合作论文从2011年的38 565篇增长到2021年的152 901篇[①]，年均增长率为14.8%。中国发表国际合作开放获取论文从2011年的11 271篇增长到2021年的63 691篇，年均增长率为18.9%，增速高于国际合作发文整体水平。在国际合作论文中，开放获取论文占比不断提升，从2011年的29.2%上升到2021年的41.7%（表2-11）。

表2-11 2011—2021年中国发表国际合作论文中的开放获取论文情况

年份	国际合作论文数/篇	开放获取论文数/篇	开放获取论文占比/%
2011	38 565	11 271	29.2
2012	44 310	14 097	31.8
2013	52 631	17 801	33.8
2014	60 969	21 725	35.6
2015	70 139	26 101	37.2
2016	80 601	32 721	40.6
2017	92 031	39 778	43.2
2018	107 421	46 700	43.5
2019	128 660	57 068	44.4
2020	143 215	64 325	44.9
2021	152 901	63 691	41.7

2011—2021年，中国开放获取国际合作论文总数共计395 731篇，其中高被引论文[②]11 041篇，占总数的2.8%，略高于中国合作论文整体水平（2.5%）。

① 数据库：SCIE；文献类型：论文和综述；论文作者地址中包含中国；学科分类依据WoS；按全部作者的全部机构统计。

② 高被引论文：中国各学科论文在近10年累计被引用次数进入世界前1%的国际论文。参见：2021年中国科技论文统计报告[R]. 北京：中国科学技术信息研究所, 2021.

中国开放获取国际合作论文中，中国机构排在前三位的是中国科学院、北京大学和上海交通大学；国外机构前三位是欧洲研究型大学联盟、美国加州大学系统和法国国家科学研究中心（表2-12）。

表2-12　中国开放获取国际合作论文中发文较多的机构

中国机构	论文数/篇	占比/%	其他国家（地区）机构	论文数/篇	占比/%
中国科学院（Chinese Academy of Sciences）	66 597	16.8	欧洲研究型大学联盟（League of European Research Universities Leru）	32 872	8.3
北京大学（Peking University）	18 703	4.7	美国加州大学（University of California System）	25 008	6.3
上海交通大学（Shanghai Jiao Tong University）	16 854	4.3	法国国家科学研究中心（Centre National De La Recherche Scientifique）	16 429	4.2
中国科学院大学（University of Chinese Academy of Sciences）	16 445	4.2	美国能源部（United States Department of Energy）	15 745	4.0
清华大学（Tsinghua University）	15 601	3.9	Udice法国研究型大学联盟（Udice French Research Universities）	14 186	3.6
浙江大学（Zhejiang University）	14 318	3.6	哈佛大学（Harvard University）	13 043	3.3
复旦大学（Fudan University）	12 361	3.1	得克萨斯大学（University of Texas System）	12 709	3.2
中山大学（Sun Yat-Sen University）	12 269	3.1	伦敦大学（University of London）	11 306	2.9

中国开放获取国际合作论文学科分布广泛，论文数较多的5个学科是：多学科科学、材料科学多学科、工程（电子电气）、环境科学和化学多学科（图2-18）。

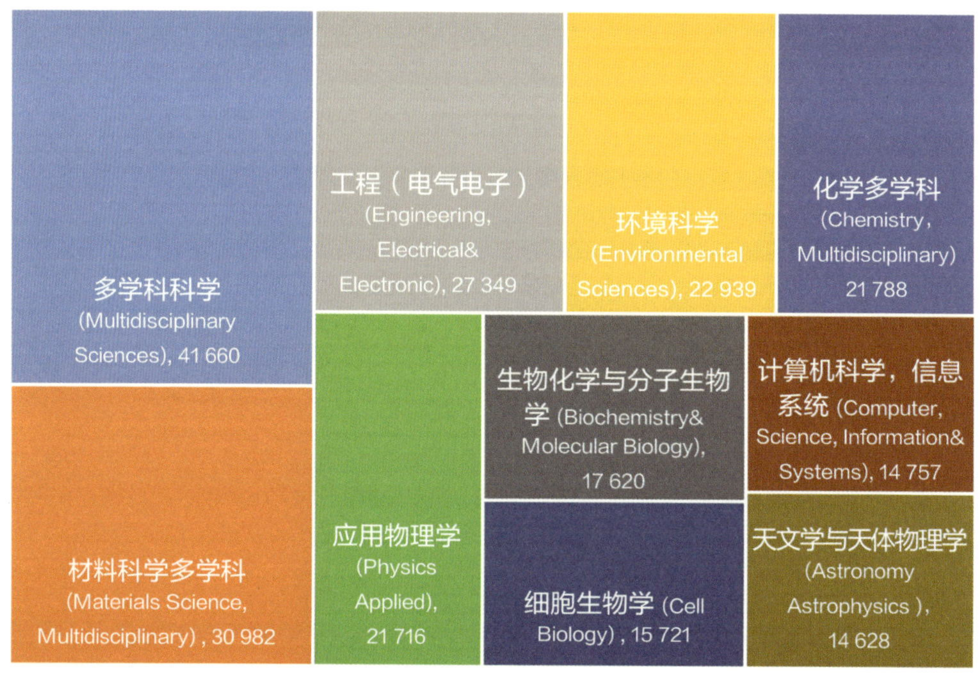

图2-18　中国开放获取国际合作论文学科Top10

2.7.2　中国英文期刊国际合作出版及开放获取情况

截至2022年8月底，中国机构主办的有CN号[①]的428种英文期刊[②]与国际出版平台合作的英文期刊数量和分布比例见表2-13。

在与中国英文期刊合作出版的国际性出版机构中，施普林格·自然（Springer Nature）最多，合作出版中国英文期刊133种，爱思唯尔和科爱紧随其后，分别为59种和53种。

428种中国英文科技期刊中有208种被SCI或SSCI收录，其中有201种在2020年度的JCR（期刊引证报告）中有影响因子的学科分区（部分期刊同时在2个或多个学科分区，图2-19）：Q1区84种（41.8%），Q2区79种（39.3%），Q3区53种（26.4%），Q4区19种（9.5%）。此外，被A&HCI收录的期刊1种，ESCI收录期刊66种；未被Web of Science收录的期刊有153种（占总数428种的35.7%）。

① Yan Shuai. STM Publishing in China[J]. Editorial Office News, 2015(12): 13-16. DOI: http://dx.doi.org/10.18243/eon/2015.8.12.3.

② 期刊主办单位在中国但无CN号的英文期刊未统计。

表2-13　中国机构主办英文期刊与国际出版机构的合作情况

国际合作机构	期刊数 / 种	占比 /%
施普林格·自然（Springer Nature）	133	31.07
爱思唯尔（Elsevier）	59	13.79
科爱（KeAi）	53	12.38
威立（Wiley）	16	3.74
威科（Wolters Kluwer）	13	3.04
牛津大学出版社（Oxford University Press）	11	2.57
电气与电子工程师协会（IEEE）	10	2.34
英国物理学会出版社（IOPP）	8	1.87
全球科学出版社（Global Science Press）	7	1.64
美国科学促进会（AAAS）	7	1.64
泰勒·弗朗西斯（Taylor & Francis）	6	1.40
世界科学出版社（World Scientific Publishing）	4	0.94
德古意特出版社（De Gruyter）	4	0.93
其他国际出版商	20	4.67
未与国际出版商合作（自建平台）	64	14.95
未与国际出版商合作（未检索到期刊网站 / 平台）	13	3.04
合 计	428	100.00

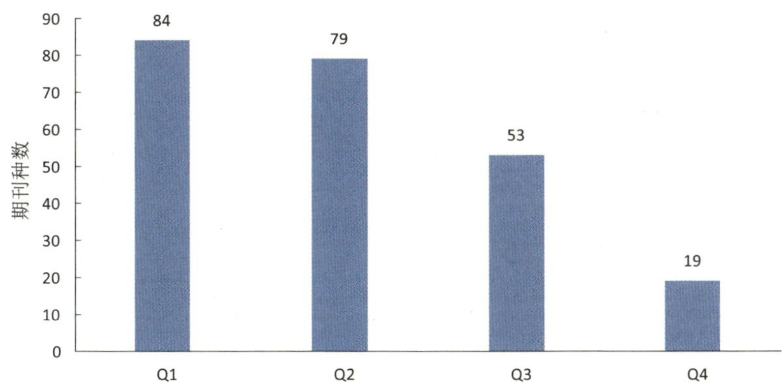

图2-19　中国英文科技期刊SCIE的Q区分布图（2020年）

被Scopus数据库收录的中国英文期刊数量为325种，未被收录的有103种（占总数428种的24.1%）。

在428种英文期刊中，全文开放获取的期刊为271种（包括有海外合作平台的期刊明确标注的金色开放获取和国内自建网站可免费下载的青铜开放获取），占总数428种期刊的63.3%；混合开放获取模式的期刊为122种，占总数的28.5%；订阅模式的英文期刊只占总数的8.2%（35种）。

2.8 中国科协国际合作交流情况

（1）主办世界科技期刊论坛。2018—2022年，中国科协共举办5届世界科技期刊论坛，搭建国内外科技期刊交流平台，围绕开放获取、开放数据、开放科研、开放评价以及科研诚信协同治理等热点话题进行了深入研讨（表2-14，图2-20）。

表2-14 世界科技期刊论坛主题

年份	世界科技期刊论坛主题
2018	开放•共享•发展——更好的期刊，更好的科学
2019	科技期刊的未来与学术传播体系的重构
2020	连接•互鉴•共治——大数据时代科技期刊的新使命
2021	推动开放科学：共享共赢可持续
2022	共享科学，共享未来

图2-20 第五届世界科技期刊论坛

（2）与国际机构签署合作备忘录。中国科协和国际科学、技术与医学出版商协会，施普林格·自然，美国科学促进会，英国工程技术学会，威立等国际出版机构签订合作备忘录，促进科技期刊和学术交流互鉴（图2-21）。

图2-21　中国科协与美国科学促进会签署续约

（3）中国科协牵头组建开放科学促进联合体。响应联合国教科文组织《开放科学建议书》，推动中国积极融入全球开放科学实践，提升科技文献和科学数据开放共享水平，深度参与全球科技治理。

（4）举办高水平国际科技期刊培训交流活动和开放科学研讨会。联合施普林格·自然、泰勒·弗朗西斯、威立等国际出版机构推出开放科学、同行评议、伦理规范、科学传播等系列前沿课程，参训人次数千次（图2-22）。举办开放科学与开源创新发展论坛，探讨促进开放科学的具体举措（图2-23）。

图2-22　国际科技期刊培训交流活动和开放科学研讨会

图2-23　开放科学与开源创新发展论坛

（5）在国际学术出版组织中任职。中国在国际期刊协/学会中担任职务的人数在不断增加，努力向国际宣传中国学术出版，增进互动交流，提高参与国际治理的能力。

3 开放获取出版中的科研诚信

3.1 持续聚焦开放获取出版中的科研诚信

著名物理学家理查德·费曼说过，科学就是坚信专家是无知的。争论、怀疑和挑战现状推动了科学进步。从这个意义上说，科学永远没有定论。因此，对科学的信任并不是因为科学家获得的结果一定是正确的（事实他们也不是），而是因为科学是以可靠、诚实、独立和公正的方式得出的结果。科研诚信受多方面的威胁，如为了个人职业发展而不择手段、外部干扰、商业利益，以及各种理念和政策对大学和研究人员的负面影响。各种各样的威胁意味着，学术生态系统中的所有利益相关者，包括资助者、政府、大学、知识库、出版商，当然还有研究人员本身，都要共同承担科研诚信的责任。

无论出版模式如何，出版商都通过编辑过程（如审查剽窃、图像和数据操纵、利益冲突，验证作者身份）、同行评议过程，以及建立和维护学术信息的永久记录，为科研诚信作出重要贡献。此外，出版商还确保出版过程透明、可预测、可纠正和可问责，为此他们已经在工作流程、技术和系统上进行了投入以不断强化诚信建设。

为了支持出版商的工作，STM于2022年初推出了“STM诚信倡议”（STM Integrity）。其使命是为学术交流社区提供数据、信息和技术支撑，以维护科研诚信。有关该倡议的更多信息，可以访问STM Integrity Hub-STM（stm-assoc.org）。

开放科学运动在各个层面上对科研诚信产生了重要影响。可信赖的科学是和科研设计、项目执行和发表或报道等各个阶段的透明度息息相关的。更高的透明度，包括同行评议等领域的透明度，会产生更值得信赖的科学。但开放科学运动也导致了一些不太积极的发展动向。开放获取模式导致了掠夺性出版商的出现，这些出版商利用研究人员的出版需求，诱使他们向那些只为赚取出版费而创办的期刊投稿。

接下来的各节将重点介绍出版商对维护科研诚信的贡献、因开放获取而产生的诚信问题，以及在开放获取工作流程中如何改进和完善诚信规则。部分内容是邀请开放科学和科研诚信领域中与出版商和期刊相关的组织机构撰写的。

中国的实践：

中国高度重视科研诚信问题，近年来陆续出台了一系列强化科研伦理建设与治理的政策、标准和措施，协同多部门联合施策，取得了积极的成效，逐渐形成了较为完善的科研伦理规范体系。

2018 年以来出台的主要规定和重要举措如图 3-1 所示。2018 年，中共中央办公厅、国务院办公厅发布《关于进一步加强科研诚信建设的若干意见》，明确严肃查处严重违背科研诚信要求的行为，自然科学论文造假监管由科技部负责，坚持零容忍，建立终身追究制度。随之 2018 年，科技部组建了科技监督与诚信建设司。2019 年，科技部、中央宣传部、最高人民法院、最高人民检察院、国家卫生健康委等 20 个部门共同发布《科研诚信案件调查处理规则（试行）》，对科研失信行为作出具体界定，明确了被调查人、所涉单位、上级主管部门等各方人员的职责分工，并对科研失信行为的处理措施作出明确要求。

国家自然科学基金委员会从 2020 年开始[①] 对涉及不端行为案件的处理决定书分批集中发布，加大震慑力度。2020 年，科技部施行《科学技术活动违规行为处理暂行规定》，明确了抄袭、剽窃、侵占、篡改他人科学技术成果，编造科学技术成果，侵犯他人知识产权等的处理办法。

2021 年 6 月 3 日，国家卫生健康委在官网开设“医学科研诚信专栏”[②]，公布部分机构医学科研诚信案件调查处理结果。科技部会同科研诚信建设联席会议各成员单位建立科研诚信案件通报机制，2021 年 7 月 30 日，中国科研诚信网[③]改版完成，正式上线运行，集中转载了相关部门组织查处的论文造假、论文买卖等科研诚信案件。2021 年 12 月 24 日通过修订的《中华人民共和国科学技术进步法》，指出建立和完善科研诚信制度和科技监督体系，建立科学技术项目诚信档案及科研诚信管理信息系统，成立国家科技伦理委员会，加强学术期刊建设，完善科研论文和科学技术信息交流机制，推动开放科学的发展，促进科学技术交流和传播。

---

① 2020 年查处的不端行为案件处理决定（第一批次）。参见：https://www.nsfc.gov.cn/publish/portal0/tab442/info78684.htm.

② http://www.nhc.gov.cn/qjjys/s8542/new_list.shtml.

③ https://www.orichina.cn.

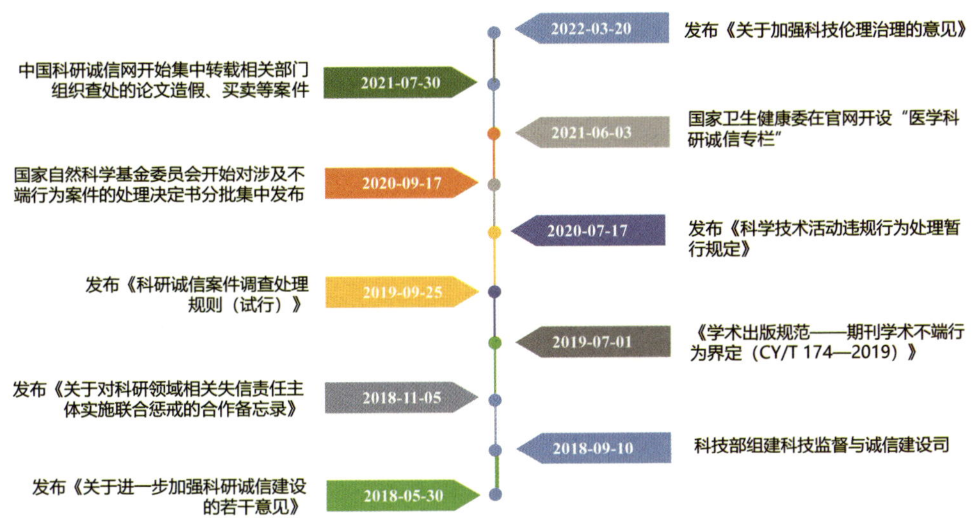

图3-1　近5年中国科研诚信相关规定和重要举措汇总

3.2　同行评议

同行评议是指一个或多个与作者能力水平相当的人对同行工作进行的评价。在论文发表方面，它是指由同行评估稿件是否适合在某一特定期刊上发表。同行评议被视为一个重要的选择和审查过程，也是确保科研诚信的一个重要组成部分。

在开放获取环境中，同行评议也在不断发展，包括出现了新的“开放评议”模式。尽管开放同行评议被视为开放科学的一个主要支柱，但目前它还没有标准化的定义，也没有公认的特征和实施模式。Ross Hellauer①在2017年的一项系统研究显示，该术语有122种不同含义，如在公开身份信息的情况下进行开放评议（作者和审稿人知道彼此的身份）、开放报告（评审报告与相关论文一起发表）、开放式互动[允许并鼓励作者和审稿人之间和（或）审稿人之间直接进行相互讨论]。

为了使评审过程更透明，以及使描述各种同行评议模式的术语更加一致，STM启动了一个同行评议术语项目（Peer Review Terminology Project）。这些术

① Ross-Hellauer T. What is open peer review? A systematic review [version 2; peer review: 4 approved]. F1000Research, 2017(6): 588. https://f1000research.com/articles/6-588.

语是为了在期刊和论文层面上使用，告知读者、作者、编辑和审稿人期刊使用了何种审稿模式（开放模式还是传统模式，而采用何种模式很大程度上取决于特定的研究领域）。出版商使用的同行评议术语将有助于论文和期刊的同行评议过程更加透明，并使学界能够更好地评估和比较不同期刊之间的同行评议实践。STM的同行评议术语目前正被确定为ANSI/NISO标准。STM建议期刊采用同行评议术语，并向期刊的用户明确传达自己的期刊采用何种评议模式。

中国的实践：

近年来，中国期刊也在探索和实践开放式同行评议。《心理学报》（*Acta Psychologica Sinica*）和《中国科学数据》（*China Scientific Data*）尝试了一种介于匿名评审和公开评审之间的评审方法。

3.3 出版伦理

出版伦理是指与出版有关的所有各方的道德行为标准，涉及作者、期刊编辑、同行评议者、出版商和主办期刊的各类组织等。

在出版商和编辑的出版伦理领域，国际出版伦理委员会（COPE）是一个领导组织。COPE成立于1997年，致力于教育和支持编辑、出版商和其他与出版伦理有关的人员，目的是使伦理实践成为出版文化的一个“规定动作”。其成员主要是编辑，但也包括出版商和相关的组织和个人。

COPE推荐了核心实践，也是期刊和出版商为达到出版伦理的最高标准所需的政策和做法，包括开放获取出版实践。其内容包括关于日常工作、教育模块和主题活动的建议、指南（包括流程图），以支持期刊和出版商履行出版伦理政策。它所涵盖的主题非常多样化，反映了出版伦理的广度：对不端行为的指控、作者和贡献者署名、投诉和上诉、利益冲突、数据和可重复性、伦理监督、知识产权、期刊管理、同行评议流程和出版后讨论。COPE还提供了相关的电子学习课程。

COPE的成员资格审核实行一套最低标准[①]，期刊在申请会员资格时要通过评估。该标准与申请DOAJ的标准一致。

① Principles of Transparency and Best Practice in Scholarly Publishing, COPE. https://doi.org/10.24318/cope.2019.1.12.

中国的实践：

2019 年 10 月，中国国家科技伦理委员会正式成立，此后陆续成立人工智能、生命科学、医学 3 个分委员会。2021 年在《中华人民共和国科学技术进步法》等相关立法中对科技伦理作出明确规定，推动相关部门出台了一批科技伦理治理制度。2022 年，中共中央办公厅、国务院办公厅印发《关于加强科技伦理治理的意见》，要求发布、传播和应用涉及科技伦理敏感问题的研究成果应当遵守有关规定、严谨审慎[①]。

中国科协不断加强出版伦理建设，曾先后组织全国学会科技期刊签署了《关于加强科技期刊科学道德规范、营造良好学术氛围的联合声明》，联合相关部委印发《在国际学术期刊发表论文的“五不准”行为守则》，编制《科技期刊出版伦理规范》。2022 年 2 月 15 日，中国科协所属 211 家全国学会联名发布了《中国科协全国学会学术出版道德公约》，从学术共同体的角度，聚焦学术论文发表全流程，倡议科研人员、期刊编辑和审稿人加强行为自律，确保出版过程客观公正，确保论文发表真实可靠。此外，中国科协正在积极推动成立中国科技伦理学会。

3.4 已发表内容的再使用

为阐述自己的研究基础、目的和意义，验证自己的研究成果以及展望未来，研究人员可以且应该合理、合规使用前人已发表的内容。然而，不幸的是，剽窃之类的学术不端事件时常发生。研究人员如何使用或查询以前发表的内容，要遵守各种许可规定（参见 1.7 节）。这些许可规定适用于已发表论文、存储的数据以及已嵌入出版流程的可靠的参考文献体系。剽窃就是在原始署名权有合法预期情况下，某人使用属于另一个可识别的人或来源的文字、想法或作品，而没有标明其归属来源的行为。剽窃是传统上最常见的科研不端行为，可以用出版界的一些工具来筛查此类不端行为[②]。这些工具大多数是以英语开发的。强

① 《关于加强科技伦理治理的意见》新闻发布会（文字实录）。参见：http://www.most.gov.cn/xxgk/xinxifenlei/fdzdgknr/fgzc/zcjd/202203/t20220325_180004.html.

② The TeSToP working group of the European Network for Academic Integrity has performed one analysis of such tools, available at https://plagiat.htw-berlin.de/software/softwaretest-2020/.

烈建议整合使用不同的剽窃筛查工具，这也是期刊的常见做法。

中国的实践：

中国英文期刊主要采用 CrossCheck 进行论文检测，中文期刊主要采用 CKNI 开发的国内学术不端文献检测系统（AMLC）进行筛查和防范。截至 2022 年 4 月 30 日，使用 AMLC 的科技期刊已有 4 133 种，占中国科技期刊总量（4 963 种）的 83%。

3.5 写作和编辑服务

许多英语不是主要语言的作者利用语言编辑服务来确保论文中的英语达到足够的水平，使英文表达不会成为被国际期刊接受的障碍。目前有很多机构为作者提供这些服务，如 Editage（意得辑）、美国期刊专家（AJE）和英论阁（Enago）。作者还可以直接与语言编辑合作，或利用其所在机构提供的服务。

语言编辑机构不应与论文工厂混为一谈。论文工厂是以利润为导向的、非官方的、具有潜在非法性的组织，它们生产和销售貌似真实研究的欺诈性稿件。出版商筛查出越来越多的来自论文工厂的投稿，并撤回已发表的来自论文工厂的稿件。虽然没有客观的方法来区分论文工厂和诚信经营的编辑机构，但任何售卖论文以及提供语言层面以外的“撰写”或从根本上重写论文的机构都应该受到怀疑。

为了解论文工厂问题的严重程度，COPE、STM 和 Maverick Publishing Specialists 一起使用来自出版商的数据进行了一项研究，还采访了研究人员、出版商和“撤稿观察”（Retraction Watch）等利益相关者。在 2022 年 6 月发布的研究报告中[①]，概述了论文工厂这一日益严重的问题，阐释了其运作的方式、动因以及学术界和出版界可以做些什么来应对论文工厂。

中国的实践：

2020 年 7 月，中国科学技术信息研究所与施普林格·自然联合发布《学术

① Paper Mills Research. https://publicationethics.org/node/55256.

出版第三方服务的边界蓝皮书（2020年版）》[①]，为研究人员在使用学术出版第三方服务时如何区分可接受服务与不可接受服务提供了具体指引，旨在帮助研究人员在通过第三方服务提高学术出版效率的同时，避免因接受不当服务而产生科研诚信与学术出版道德问题。

3.6 可信赖期刊与掠夺性期刊

如第3.1节所述，开放获取模式的引入导致了掠夺性出版商的出现。但是，众多的出版商仍在负责任地坚持独立的编辑政策，不让商业利益对期刊的收稿政策起任何作用。

目前还没有一份明确的、被广泛认可的掠夺性出版商名单，作者很难确定自己是否在与这些非法机构打交道。因此，STM与其他组织一起建立了一个名为“Think. Check. Submit”（思考·检查·投稿）的网站（见第1.8节），帮助研究人员确定值得信赖的期刊和出版商。通过一系列工具和实用资源，这项跨行业的国际倡议旨在教育研究人员、促进诚信，并建立对可信研究和出版物的信任。

《开放获取期刊目录》（DOAJ）旨在通过一个公开的目录，在全球范围内促进那些高质量、同行评议的开放获取期刊的显示度、可访问性、声誉、使用率和影响力，无论其学科分布、地理位置或语言如何。DOAJ作为合著者之一的《学术出版透明原则和最佳实践》[②]，为DOAJ的基本收录标准提供了基础。

中国的实践：

2018年，中国发布《关于进一步加强科研诚信建设的若干意见》，提出要建立学术期刊预警机制。在此之后，一些中国大学和研究机构建立了自己的“期刊黑名单”。2020年和2021年，中国科学院文献情报中心分别发布了年度《国际期刊预警名单（试行）》。

3.7 版本控制

多年前，论文内容只能通过一个来源获得，即公开出版的印刷版期刊。有

① Published jointly by ISTC and Springer Nature, 2020.
② DOAJ: Transparency & best practice. https://doaj.org/apply/transparency/.

时，一个作者可能会将一份打印好的稿件分享给另一位同事，以便获得进一步改进研究思路的反馈。这种发表前论文的分享通常是私人的，而未发表的论文几乎从未见过有广泛的传播。除了已发表或未发表，确实不需要其他术语来描述一项研究成果的状态。

随着数字出版的发展，作者们找到了扩大科学文献共享的方法。第一个明确用于发表前共享的知识库是arXiv。它于1991年启动，是一个主要用于物理学界、可以在发表前共享论文以便对正在进行的项目进行审查和投入的平台。后来，随着支持不同学科的其他网站陆续推出，如社会科学的SSRN、生物科学的BioRXiv和化学学科的ChemRxiv，这些预印本知识库越来越受欢迎。现在已有近70个这样的公共知识库。

在开放获取环境中，随着发表前传播可选择方式的增加，以及作者对分享早期作品兴趣的增加，需要有一种方法让读者们区分他们正在查看的内容是什么版本。2005年，一些出版商和图书馆员制定了期刊论文版本（JAV）术语，成为美国国家信息标准组织（NISO）的推荐方案①。该术语定义了期刊出版过程中的7个阶段：作者的原稿（AO）、提交评审的稿件（SMUR）、接受的稿件（AM）、清样（P）、正式发表的版本（VoR）、正式发表版本的修正版（CVoR）和正式发表版本的增强版（EVoR）。

该推荐方案只是一些共识，并非官方标准，它描述了推荐术语应用的案例。这些版本阶段凸显了出版商通过出版过程增加的价值。对于读者来说，了解一个稿件可能经历的严格评审是很重要的。这对于引用也很重要，因为在可能的情况下，最好引用正式发表的版本。“论文的版本”对于了解期刊论文版本是否可共享或再发表很重要。例如，JAV是由STM新推出的论文共享框架的一个核心功能②。

自2008年该术语发布以来，共享文献的生态系统发生了很大变化。预印本现在是学术文献中的常见形态，经常可以看到论文只作为预印本发布。有些论

① NISO RP-8-2008, Journal Article Versions (JAV): Recommendations of the NISO/ALPSP JAV Technical Working Group. National Information Standards organization (2008). ISBN: 978-1-880124-79-6.

② Article Sharing Framework: A Framework for Responsible Sharing. International Association of STM Publishers (2021). https://www.stm-assoc.org/asf/.

文是出版后同行评议，但现有的术语对此没有很好地体现。也有一些出版后的状态变得越来越重要，如“撤回”或“撤销”，这些词汇没有包含在最初的术语中。2020年11月，NISO拥有投票权的成员批准了一个新项目①，该项目于2021年初开始，旨在解决在词汇表中添加新术语的问题。该项目还将探讨诸如DOI分配、是否应将不同的DOI分配给不同的版本以及这些不同的标识符应如何链接等问题。该项目预计将于2022年底起草一份征求公众意见的草案，并于2023年初最终公布。

（NISO执行总监Todd Carpenter供稿）

中国的实践：

中国科技期刊也在积极探索版本控制，如CNKI的网络首发。截至2022年4月30日，共2 286种学术期刊通过CNKI进行网络首发出版，总发文量563 525篇，总下载量84 498 612篇次，网络首发刊均提前75.08天；其中科技期刊1 606种，占70%，总发文量483 734篇，总下载量64 859 535篇次，刊均提前85.42天。

3.8 出版和科研影响力

不言而喻，开放获取使研究工作更为广泛地传播，但这只是其被阅读和使用的第一步，这是科研影响力的基础。

林肯大学科研影响力发展主任朱莉·贝利将科研影响力定义为“现实世界中科研带来的可被证明的变化（益处）”②；美国国立卫生研究院对科研影响力的定义是“某项目对相关研究领域产生持续、强大影响的可能性”③；美国国家科学基金会认为科研影响力就是“你的研究造福社会和帮助实现社会预期成果

① Update of Recommended Practice for JAV (RP8-2008) Planned. NISO Website (November 2020). https://www.niso.org/niso-io/2020/11/update-recommended-practice-jav-rp8-2008-planned.

② “Chasing the ‘impact unicorn’ - myths and methods in demonstrating research benefit.” Julie Bayley Blog, July 2019. https://juliebayley.blog/2019/07/.

③ “Definitions of Criteria and Considerations for Research Project Grant (RGP/R01/R03/R15/R34) Critiques.” NIH, Grants and Funding, March 2016. https://grants.nih.gov/grants/peer/critiques/rpg.htm.

的潜力”[①]。

马克·里德教授在《科研影响力手册》[②]中进一步定义了十种类型的科研影响力：理解和认识，态度，经济，环境，健康和福祉，政策，对决策和行为变化影响的其他形式，文化，其他社会影响，能力/准备程度。

随着全球范围内对获取研究资助的竞争日益激烈，资助者们越来越多地将影响力潜力视为决定资助哪些项目和机构的一个因素。近年来，一些国家引入了影响力评估标准，作为分配政府资金的一种手段。其中包括英国（通过卓越研究框架）、澳大利亚、意大利、法国和比利时[③]。在英国，影响力评估“影响”了20亿英镑大学资金中的25%[④]。

不仅是政府资金越来越多地通过衡量影响力来分配，许多其他资助机构在决定资助项目时也在采用影响力评估策略。通过“地平线2020”和其他项目申请的欧洲资金都要求有一份详细的开发和传播计划；作为资助申请的一部分。美国国家科学基金会则需要一份声明，说明项目将带来的潜在的、更广泛的影响。其他机构也开始效仿，要求研究人员在其资助申请中做出预算，以体现对学术界以外受众（决策者、行业人士、教育工作者等）的影响和沟通。

更普遍的是，人们越来越认识到需要让公众更积极地参与到研究讨论和产出中。一项研究全球对科学态度的调查[⑤]发现，88%的人认为科学家应该用通俗易懂的语言分享科学信息。在一项针对慢性病患者的调查[⑥]中，50%的人使用科技期刊作为信息来源。新型冠状病毒疫情进一步推动了公众对科研的兴趣。

依靠迅速涌现的科学数据，政府、公共卫生专家和个人对经济、公共卫生和个人有重大影响的事项做出决策。对公众而言，研究论文高度技术性的语言并不是科研发现和理解的最佳选择。

（Kudos首席执行官梅林达·肯尼威供稿）

---

① “Chapter III- NSF Proposal Processing and Review.” NSF, January 2013. https://www.nsf.gov/pubs/policydocs/pappguide/nsf13001/gpg_3.jsp.

② The Research Impact Handbook (2nd edition), Published by Fast Track Impact (July 2018).

③ The Metric Tide. https://responsiblemetrics.org/the-metric-tide/.

④ The Stern Report: Research Excellence Framework Review. https://www.gov.uk/government/publications/research-excellence-framework-review.

⑤ https://multimedia.3m.com/mws/media/1665444O/3m-sosi-2019-global-findings.pdf.

⑥ https://link.springer.com/article/10.1177/2168479017738723.

中国的实践：

中国科技期刊不断探索向大众传播期刊论文相关成果。《细胞研究》2015年刊发中国科学院院士张亚平关于狗的起源研究，引起《华盛顿邮报》《洛杉矶时报》等国际媒体关注；2020年再次刊发张亚平关于鸡的起源论文，被《科学》发表点评文章称为“里程碑式的进展”①。《国家科学评论（英文）》充分利用多种媒介增强学术成果的显示度和普及性，2020—2021年举办在线讲座22场，累计听众近64万人次，并充分利用海外合作出版商牛津大学出版社的博客、Twitter和Facebook等平台，宣传所刊发的论文等。中国科学院古脊椎动物与古人类研究所关于晚白垩世恐龙化石中可能保存DNA的成果在Twitter和Facebook上被10余个国家的用户评论和转发，相关视频在YouTube上被观看1万余次②。《园艺研究（英文）》构建了17个期刊学术社区，覆盖国内外各大主流社交媒体，作者微信交流群共有1.1万多人，举办作者分享会35场，直播平台参与人数超过13万人次；期刊发起并主办的国际园艺研究大会，自2014年以来分别在中国、美国、英国、意大利成功举办八届，超过80个国家和地区的1.5万多人注册参会；期刊的Facebook和Twitter账号粉丝数量在所属领域（Horticulture）排名均位列前三。

3.9 存档

当前提供文献获取权限很重要，而长期保存文献对学术完整性也至关重要。开放获取可以对文献的长期完整性形成支撑，也可能形成阻碍，需要精心设计施行才能确保实现想要达到的目的。

在面临技术变化、磁盘故障、黑客攻击以及其他更糟糕的情况下，为确保内容安全，长期保存需要进行积极主动管理。可悲的是，根本就没有保存（或者直到为时已晚）才是关键的挑战。根据ISSN国际中心的数据，在截至2021年底分配的约280万个ISSN号中，有近30万个分配给数字资源，而其中只有不到69 000个被完全保存（存档在至少3个独立的数字档案馆）。图书的相关数字

① 《细胞研究》启示录：自信之路。https://m.thepaper.cn/baijiahao_10701974.

② 高媛，徐秀玲，张冰姿，等．提质增量，卓越发展:《国家科学评论》办刊实践与进展[J]. 中国科技期刊研究，2022, 33(2): 215-221. doi:10.11946/cjstp.202103100213.

就更无从可知。

声誉良好的期刊有保存的政策和具体措施，但许多期刊——特别是那些没有可持续资金来源的期刊——可能没有确保长期保存的政策或资源。例如，Mikael Laakso和其他人的研究发现，在过去20年中，数百种开放获取期刊已完全从网络上消失；而在DOAJ注册的期刊中，有7 000多种期刊没有保存政策或归档[①]。因而，JASPER项目作为CLOCKSS、DOAJ、ISSN国际中心的KEEPERS registry、互联网档案馆、公共知识项目的保存网络（PKP-PN）和LOCKSS之间的合作伙伴，创建了一条从DOAJ到互联网档案馆再到CLOCKSS的内容通道，鼓励和支持出版商能够将这些期刊归档。

20世纪90年代，人们开始关注数字信息的长期保存。传统上图书馆以印刷版形式保存文献资料，但在数字时代，图书馆通常只允许以数字方式获取、远程存储并通过网络访问书籍和期刊。虽然方便即时访问和使用，但这可能会给长期保存、访问和使用带来真正的挑战。如果出版商停止出版，或图书馆取消其许可，或出版商的网站关闭，则图书馆的付费访问内容将不再可获取。

在国际存取委员会（Commission on Preservation and Access）、图书馆研究委员会（OCLC）和研究型图书馆集团（the Research Libraries Group, RLG）等组织的领导下，研究型图书馆开始系统地探索如何实现学术资源的数字化保存。20世纪90年代末各种项目开始启动，有些项目已促进了这些保存服务的发展。

例如，CLOCKSS项目启动于1999年，它由斯坦福大学牵头，与国际研究型图书馆和学术出版商合作，现已发展成为一个由图书馆和出版商联合管理的独立的慈善机构，其目的就是保存学术内容。迄今为止，CLOCKSS已受托保存了近5 000万篇期刊论文和35万多本图书。他们将努力争取更多的来自各个地区的大大小小的图书出版商的参与。CLOCKSS将学术内容存档在一个精心控制的服务器组成的网络上，这些服务器分布在世界各地的领先学术机构中。该网络的节点保持不间断联系，随时检查并在必要时恢复受保护的内容。当委

① Laakso M, Matthias M, Jahn N. Open is not forever: A study of vanished open access journals. Journal of the Association for Information Science and Technology, 2021, 72(9): 1099-1112. https://doi.org/10.1002/asi.24460.

托给CLOCKSS的内容从网站上永久消失时，每个人仍可以访问CLOCKSS以获取这些内容。在国际ISSN机构提供的KEEPERS registry中，还可以找到其他的保存者。

（CLOCKSS执行董事Alicia Wise供稿）

中国的实践：

2021年，在财政部、科技部的支持和全国200多家主要图书馆的参与下，由国家科技图书文献中心牵头，中国科学院文献情报中心、中国科学技术信息研究所、北京大学图书馆联合承建的国家数字科技文献资源长期保存系统[①]初步建成，在中国本土稳定保存了国内外68家出版社的主要科技文献数据库[②]。

3.10 数据管理与共享（FAIR原则）

除了开放获取，开放科学的另一个重要支柱是保证数据可发现、可访问、可互操作、可复用（FAIR原则）。遵从FAIR原则的科学数据是使研究工作更开放、更稳健、更可复用的关键。除了在保证科学过程的完整性和良好研究实践中的至关重要的作用，共享FAIR数据还为人工智能等新技术获取数据铺平了道路，开启了科学及研究的新发现。

学术出版商在促进研究数据的可发现、可访问、可互操作、可复用上发挥重要作用。正式发表的论文成为共享、链接、引用研究数据及其他研究成果的重要枢纽，它在使出版的内容越来越丰富的同时，还使得越来越多的研究数据可以在学术生态系统中被获取和访问，包括并超出了论文本身的基础数据[③]。

学术出版商通过以下3种途径为数据的可发现、可访问、可互操作、可复用作出实际贡献：

（1）推出期刊数据政策；

（2）发布论文数据可获得性声明（Data Availability Statements）；

（3）通过使用CrossRef’ schema提交数据引用信息来实现学术链接交互

① 国家数字科技文献资源长期保存系统官网。http://www.ndpp.ac.cn/.
② 国家数字科技文献资源长期保存系统初步建成。https://baijiahao.baidu.com/s?id=1714212226638338463&wfr=spider&for=pc.
③ https://onlinelibrary.wiley.com/doi/epdf/10.1002/leap.1434.

（Scholix）。

在STM研究数据中的Share-Link-Cite（stm-researchdata.org），出版商可以找到更多关于如何实施期刊数据政策、数据可获得性声明和Scholix的信息、指引与提示——所有这些都是使研究数据更加公平和开放的重要组成部分。

中国的实践：

科技部、财政部在高能物理、地球系统、天文、空间、生态、农业等领域布局了 20 个国家科学数据中心和 31 个国家生物种质与实验材料资源库[①]，成为科技资源管理与共享的重要载体，对中国的科技资源管理发挥了积极作用。中国科学院于 2019 年启动科学数据中心体系建设，已建成“1 个总中心 +18 个学科中心 +13 个所级中心”的科学数据中心体系。同时，中国建设形成的数据服务平台积极融入国际开放科学实践，为全球开放科学建设作出贡献。由中国科学院建设的通用型公共数据存储共享平台“科学数据银行”（Science Data Bank，ScienceDB）[②]于 2015 年面世，向全球科研工作者、科技期刊提供免费的数据在线存储、长期保存与获取、共享与出版等服务。截至 2022 年 3 月底，该平台除为中国学者与中国期刊的数据共享提供便利服务外，还为全球 160 余个国家和地区的科研工作者提供数据存储与获取服务，被施普林格·自然、细胞出版社、爱思唯尔、泰勒·弗朗西斯等全球知名出版商的万余种科技期刊推荐使用。在专业领域型科学数据存储库建设上，组学原始数据归档库（Genome Sequence Archive，GSA）[③]、国家青藏高原数据中心（National Tibetan Plateau Data Center, TPDC）[④]等也越来越多地为全球科学家提供服务。

2019 年，中国科协资助、中华医学杂志社有限责任公司承建中国临床案例成果数据库（CMCR）。该数据库是集病例提交、同行评议、存储发布、临

① 科技部 财政部关于发布国家科技资源共享服务平台优化调整名单的通知 [EB/OL]. [2022-04-02]. http://www.most.gov.cn/xxgk/xinxifenlei/fdzdgknr/qtwj/qtwj2019/201906/t20190610_147031.html.

② Science Data Bank. https://www.scidb.cn/en.

③ Genome Sequence Archive. https://ngdc.cncb.ac.cn/gsa/.

④ National Tibetan Plateau Data Center. http://data.tpdc.ac.cn/en/.

床评价和辅助诊疗于一体的数字化平台，可为各级医务工作者提供病例预印本存储方案和临床诊治水平评价方案。截至2022年4月底，收录文章76 887篇、视频文章121篇，下载量907 801次，阅读量9 981 002次。

4 开放获取环境中的国际合作出版

全球范围内，各学协会、科研机构、大学与学术出版商之间打破地理界线开展了众多出版合作，但遗憾的是，这些出版合作情况还没有梳理过。在世界各地，出版商和学协会/科研机构之间的合作出版模式越来越多。例如，合作推出新的开放获取期刊，或将现有订阅模式期刊转为金色的、完全开放获取模式。（在本报告的撰写过程中）我们邀请这些大大小小的学术出版机构提供实际案例，介绍他们在世界各地的合作伙伴关系及案例，尤其是与中国学术界、出版单位和期刊的伙伴关系及合作是如何发展的，比较合作的异同，使中国的学术出版活动与国际紧密联系。

以下是出版机构提交的国际出版合作情况，按照出版机构的英文首字母顺序排序。

4.1 美国科学促进会 (AAAS)

相信“科学无国界”和“通过服务社会推动科学发展”是美国科学促进会（American Association for the Advancement of Science, AAAS）的使命和价值观的一部分。10多年来，在这些信念的引领下，AAAS/*Science*在中国找到了很多伙伴和合作者。我们和志同道合的合作伙伴共同开发一些领域的项目，如科学出版、教育、政策、外交和科学传播等。

随着AAAS在中国合作关系的不断强化，我们收到很多咨询服务的需求，希望能更好地了解学术期刊的出版状况。AAAS意识到我们需要在当地有全职的工作人员，于是在11年前成立了北京办事处，以便掌握一手情况，围绕同行评议出版的最佳实践、科技期刊的市场营销、出版真正的国际化科技期刊（如*Science*）、平台评审以及其他以出版为中心的主题，深度开发学术研讨会等项目。

多年来，我们持续举办作者培训，提供相关咨询服务。因此，中国科协主动与我们联系，讨论创办一份新的国际化科技期刊的可能性。当时，AAAS/*Science*正在进行“科学合作期刊”（Science Partner Journal，SPJ）项目的可行性调研。

“科学合作期刊”（SPJ）项目于2017年末由AAAS发起。AAAS是*Science*

系列期刊的非营利性出版机构。该项目的特色是与国际研究机构、基金会、资助者和学协会合作出版高质量、在线发布、开放获取的期刊。通过这些合作，AAAS进一步践行了其广泛传播科学，为人类造福的使命。作为世界上最大的综合性科技社团，AAAS具有独特优势，为顶级国际研究机构提供技术、推广渠道和出版专业技能等支持。

AAAS与中国科协合作的期刊——《研究》(*Research*)，成为SPJ项目的第一本期刊。

4.2 博睿（Brill）

在过去几年中，博睿出版社积极与北京师范大学、武汉大学和大连外国语大学等中国机构合作，在人文社会科学领域合作出版开放获取期刊和系列图书。我们发现，这样的合作有助于中国的学术机构与博睿聚焦共同的目标，即帮助合作期刊成为其领域内公认的优秀品牌（可通过Scopus和Web of Science等的指标来衡量）。

开放获取是实现这些目标的关键驱动力。它可以最大限度地扩大显示度，提升引用，这反过来不仅有助于相关期刊被检索数据库收录，而且有助于期刊在其学科领域内迅速得到关注。我们发现这是中国机构对开放获取感兴趣的最重要的原因。

为了实现这些目标，我们的出版策略中包括如下一些关键要素。

（1）多样性。期刊的编委会应该是国际化和多样化的，同样作者也应该是多样化的。合作伊始，我们就与学术机构进行交流，以使双方预期相契合。从博睿的角度来看，至关重要的是要防止期刊成为相关机构的“自留地”。为了确保期刊具有持久的影响力，需要全球化的编辑流程。这是我们与任何学术机构进行开放获取出版合作的关键考量之一。

（2）同行评议。我们与编委会和合作机构代表密切合作，实施盲审程序，以确保期刊发表的所有研究都是高质量的。这反过来也有助于加快引用，确保进入重要检索系统，从而进一步提高知名度和影响力。

（3）品牌宣传。学术机构无疑是品牌和营销的组成部分，具体体现在徽标、封面、网站等方面。品牌宣传将提升机构及其发表成果的国际知名度。随着期刊品牌的成长，该机构在特定研究领域的知名度和声望也不断提高。

（4）出版支持。我们提供深度的出版支持，并与合作机构的编辑和其他利益相关者建立良好关系，更好地了解中国的科研文化。这将确保我们的服务符合他们的需求。

4.3 EDP Sciences（EDP）

EDP Sciences是一家总部位于法国的出版机构，主要出版学术期刊、图书和学术会议文集。EDP Sciences由居里夫人、得布罗意、让·佩兰等知名科学家于1920年创建，之后由法国物理学会、法国光学会、法国化学会、法国工业与应用数学学会等知名学会/协会作为股东进行管理，服务于全球的学者，致力于科学出版。自2013年以来，EDP Sciences积极推动向开放科学和开放获取的转型，发起了许多开放获取项目，包括创办金色开放获取的期刊、将出版的订阅期刊逐步转换为开放获取期刊；创新实施“S2O”的开放获取模式，等等。

一直以来，EDP Sciences和中国的学协会以及出版社都建立了良好的合作关系。2019年底，EDP Sciences正式成为中国科学院下属出版机构——中国科技出版传媒股份有限公司（科学出版社）大家庭中的一员。

这些年来，EDP Sciences主要从以下几个方面与中国的出版机构和学者进行合作，积极推动开放获取。

（1）创办金色开放获取期刊。EDP Sciences与科学出版社一起，积极与中国的学者和研究机构合作，不断创办新的金色OA期刊。例如，2022年，我们联合创办了两本新刊:《国家科学进展（英文）》（*National Science Open*）和《一体化安全（英文）》（*Security and Safety*），这两种新刊还入选了“中国科技期刊卓越行动计划高起点新刊项目”。前者是一本综合性的自然科学期刊，采用金色开放获取模式，注重跨学科的发展；后者是首个关注网络安全和功能安全交叉领域的金色开放获取期刊。这两个期刊均组建了由中国科学院和中国工程院的院士领导的国际化编委团队。同时，两个期刊的论文均通过科学出版社下属的EDP Sciences和SciEngine等自主平台在全球范围内同步出版发布，在保证信息安全的前提下加快提升期刊论文的全球可见度和影响力。

（2）以开放获取模式传播中文期刊。EDP Sciences还积极地帮助中国的中文期刊，以开放获取的模式在其平台上传播，探索出了一条帮助中文期刊提升国际可见度和影响力的新模式。例如，《西北工业大学学报》是一本中文期刊，2018年在EDP Sciences平台上展示全文后，其知名度和引用率大大提高，先后被谷歌学术、ADS、DOAJ等数据库收录。目前，EDP Sciences已经为《武汉大学自然科学学报（英文版）》等多本中国的中英文期刊提供传播服务。此外，EDP Sciences还积极与SciEngine平台对接合作，向中国学者分享其OA出版的期刊论文内容。

（3）促进图书开放获取出版。EDP Sciences积极与科学出版社以及中国的其他出版社进行合作，将一批优质的中文图书翻译成英语或法语版本在国际市场上出版和发行传播。例如，EDP Sciences已经与科学出版社合作，以开放获取模式出版《中国科技期刊发展蓝皮书》英文版年度报告。

（4）出版开放获取的会议文集。EDP Sciences管理的Web of Conferences（WOC）是一个致力于出版学术会议文集的开放获取平台。该平台为六大学科领域（欧洲物理学报系列，生物学系列，环境、能源与地球科学系列，信息技术、计算机科学与数学系列，材料科学、工程与化学系列，以及人文与社会科学系列）的学术会议论文提供快捷的出版和传播服务。目前，WOC以开放获取方式发表的会议论文已超过11万篇，每年新增2万篇左右，其中约30%来自中国。EDP期待着为中国和世界上更多的作者提供会议论文集的开放获取出版服务。

作为国际化的出版机构，EDP Sciences一直致力于为全球的学者和协会提供优质的出版和传播服务，并为他们提供优质的学术内容。同时，作为科学出版社大家庭的一员，EDP Sciences将致力于为中国的学者和协会提供更加本土化、更加安全可靠的开放获取出版方案，帮助中国的学者提升国际影响力和传播力，促进中国与世界的学术交流和科技创新合作。

4.4 爱思唯尔（Elsevier）

爱思唯尔自2005年开始与中国的学协会及研究机构进行期刊合作出版。目前，我们已与70多家机构合作出版了约100多种期刊，其中一半是开放获取期刊。有49种入选了中国科技期刊卓越行动计划，且大部分采取了开放获取出版模式。我们很荣幸能将这些期刊迅速推向国际，在专注于数据库收录检索、国际影响力、国际合作的同时，与国家新闻出版署和中国学术界的高标准保持一致。

在中国，我们观察到主要有以下两种不同类型的期刊。

（1）研究者驱动：办刊的想法来自一线研究人员，通常具备对学科有深入了解的国际化编委会。优先考虑期刊质量和影响力，资金主要来自于研究项目或资助。

（2）机构驱动：办刊的想法源自多个方面，包括政策关注点、管理需求，同时也会咨询一线的研究人员。优先考虑遵循国家新闻出版署的指导方针，同时考虑期刊质量的发展/影响力提升。资助渠道多元，主要是政府投入、大学出版社和院系资助。

我们还观察到，中国和欧盟/美国在学协会合作模式上存在一些不同，尤其是在开放获取方面。在中国，仍然有许多学协会偏好由机构补贴的钻石开放获取模式。以作者付费的金色开放获取模式正在缓慢增长，但所占份额仍然较少。而在更广泛的全球市场，特别是那些高质量期刊，金色开放获取已经被更快速全面地采用。就对期刊发展的影响而言，来自政府的资金支持保障了机构资助的开放获取期刊在早期顺利出版和成长，但不久之后，以"篇"为基础的发表成本将抑制发文量的增长，并限制了期刊收益得以被再次投入期刊。相比之下，全球其他市场倾向于更早地实现自给自足，因此会更早地转向作者付费模式。这些期刊通过更灵活地平衡收入、数量和质量，将期刊出版从产生成本转变为产生盈余，并再次投资回期刊，从而提高期刊的投稿量和优化编辑出版流程。

4.5 电气与电子工程师协会（IEEE）

十多年来，IEEE一直在与中国出版单位合作。2012年，IEEE与清华大学出版社合作出版了《清华大学学报自然科学版（英文版）》，与北京航天情报与信息研究所合作出版了《系统工程与电子技术（英文版）》。这两种订阅期刊随后分别于2013年和2018年转为金色开放获取。自那以后，IEEE通过其在线出版协议扩大了与中国期刊的合作伙伴关系。IEEE目前在其IEEE Xplore平台上出版并推广来自中国的16种期刊，其中13种是完全开放获取的。

2021年，管理IEEE出版物的志愿者委员会和IEEE技术活动部门联合批准了一项扩大中国期刊合作的项目。除了在IEEE Xplore中提供在线出版服务外，新计划将提供全方位的出版生产服务和商业支持，以及与IEEE下属协会和技术委员会达成合作伙伴的机会，从而获得专业领域知识和全球社区参与的支撑 。

该项目的目标是扩大对中国新兴学术出版业的认识和传播，旨在利用IEEE出版项目的业务专长以及IEEE在相关技术领域的深厚专业知识和网络，在全球范围内建立一个更强大的科技交流网络，这也是IEEE奉行的“促进技术进步以造福人类”使命的基石。

4.6 英国物理学会出版社（IOPP）

英国物理学会出版社（IOP Publishing, IOPP）支持世界上各种开放获取出版模式。在欧洲，开放获取最常见的方式是通过主要基金资助者所支持的转换协议（TA）来实现。这种模式在北美洲也得到了发展，我们最近与加拿大研究知识网（CRKN）达成的无限开放获取协议也证明了这一趋势。截至2022年7月，IOPP已与14个国家的290家机构达成协议。

在中国，IOPP支持多种开放获取模式。$SCOAP^3$是其中一个例子，它是粒子物理学界开放获取出版的赞助联盟。通过$SCOAP^3$，在《中国物理C》上发表论文的作者不用付任何费用，并可根据CC BY许可进行阅读和重复使用。高能物理界的这种国际合作将订阅获取的论文转换为开放获取。与大多数欧洲转换协议一样，$SCOAP^3$ 的参与者将以前用于支付订阅费的资金重新放回到一个公共资金池中，用于支付开放获取出版的费用。在这种模式支持下，开放获取发表的论文数量持续增长。

IOPP在中国实施开放获取的另一种模式是钻石或赞助开放获取。IOPP与中国机构合作出版了两种受赞助的完全开放获取期刊：中国工程物理研究院机械制造工艺研究所的《极端制造（英文）》和松山湖材料实验室的《材料展望》。这两种期刊中发表的内容可即时获取，无需支付订阅费，无需许可。作者无需支付论文处理费，出版的所有费用由期刊的主办单位承担。

IOPP愿意和世界其他地区的合作伙伴一起探索这种开放获取模式，并希望这些案例能为合作伙伴的发展提供借鉴。

4.7 科爱（KeAi）

科爱是中国科技出版传媒股份有限公司和爱思唯尔合资建立的企业，专注于开放获取期刊的出版。科爱总部位于北京，与国际学术界分享来自中国和全球的一流研究成果以造福社会。就期刊数量而言，科爱已成为中国最大的开放获取期刊出版服务提供商。合作期刊是科爱的标志性特色，在科爱出版的130余种期刊中，2/3是与中国学术机构合作出版的（另外1/3为科爱自办期刊），这些机构包括学协会、大学、研究院所、出版社和研究密集型公司。

科爱见证了中国研究成果的数量和质量的提升、办刊热潮和开放获取的加速发展。与订阅模式相比，开放获取出版模式有助于中国更好地在全球推广研究成果。大多数中国的新创期刊选择开放获取模式，因为这有助于扩大其国际显示度和影响力。虽然开放获取不是中国学术机构强制要求的，但越来越多的中国作者接受了开放获取，因为它可以提高引用并带来更大的国际影响力。但是，一些开放获取期刊也在担心，如果在新刊启动阶段结束后经费支撑无以为继，论文处理费可能无法覆盖期刊成本。

中国学术机构选择科爱作为期刊出版合作伙伴的原因，主要来自三个方面：首先，母公司中国科技出版传媒股份有限公司和爱思唯尔的品牌和声誉，以及由母公司支持的服务，包括ScienceDirect、Editorial Manager和生产服务；其次，基于对中国科研共同体的了解，科爱一直在打造其独特的核心竞争力，以满足中国合作伙伴的特定需求，提供期刊发展的战略建议、期刊和主题的数据分析、国际影响力的提升计划和检索系统的协助申请；最后，科爱能更好地用中文与合作伙伴沟通，在合作模式上更灵活，在决策和日常运营上更高效。

《自然科学基础研究（英文版）》（*Fundamental Research*）是科爱最重要的合作期刊之一。它是国家自然科学基金委员会唯一的官方英文期刊，于2021年创刊，是一个发布自然科学领域所有学科优质研究成果的平台，特别是国家自然科学基金资助的主要科研产出，目标是建设成为世界级期刊。国家自然科学基金委员会选择科爱作为其出版商，引起了中国学术界的关注。《自然科学基金研究（英文版）》创刊一年即被Scopus收录。此外，科爱还与西安交通大学、重庆大学和山东大学建立了战略合作关系，为他们提供各种出版相关服务的支持。

4.8 牛津大学出版社（OUP）

牛津大学出版社（OUP）是牛津大学的一个部门，致力于在世界各地出版优质的书籍、刊物，借此弘扬牛津大学在研究、学术、教育方面的崇高理想。OUP目前出版500多种期刊，涵盖自然科学、生命科学与医学、人文与社会科学和法学等学科，其中的大多数期刊都是和科研院所以及专业学协会合作出版的。

OUP是全球最大的开放获取研究出版的大学出版社。我们目前出版100多种完全开放获取期刊，约占牛津期刊总量的20%。大多数完全开放获取的牛津期刊都是以开放获取的出版模式创办的，但也有些期刊是从订阅模式“转换”过来的。此外，我们还出版400多种“混合”期刊，作者可以选择是否以开放获取模式在这些期刊发表成果。我们与世界各地的图书馆联盟和机构签订了30份“阅读与出版”协议，大大增加了作者在我们期刊上发表开放获取论文的机会。

OUP在中国的期刊合作可以追溯到2005年，已取得了长足的发展。目前，我们在中国合作出版20多本期刊，绝大多数都是完全开放获取出版模式。近年来，我们与中国期刊的主办方合作，将几本订阅期刊转换成了开放获取模式。例如，《国家科学评论》（*National Science Review*）和《分子细胞生物学报》（*Journal of Molecular Cell Biology*）均于2019年转为完全开放获取模式，《植物生态学报》（*Journal of Plant Ecology*）于2022年完成开放获取转换。这些期刊自成功转型为开放获取以来蓬勃发展，读者群、影响力和使用量都有所扩大。我们确保了这些期刊的长期可持续性，以支持它们的进一步发展。

2020年5月，中国科学院文献情报中心和牛津大学出版社签署了中国大陆第一份“阅读与出版”协议。该协议为来自中国的作者提供更多机会，使他们能够在牛津期刊发表开放获取的论文，同时使参与的中国科学院相关机构的研究人员能够访问牛津期刊现刊库。

4.9 英国皇家化学学会（RSC）

中国的国际合作期刊可以追溯到20世纪90年代，但与国际出版商真正的大规模合作发生在过去15年左右。这种合作始于当时的大学学报英文版，或者中文期刊转为英文期刊。此后，中国机构开始和某个知名国际出版商合作，创办全新的英文科技期刊。彼时开放获取还不是创办新刊的标配。此后不久，科技期刊的中外合作出版便进入了一个快速发展的时期，数百种新的专业期刊问世，开放获取也几乎被视为理所当然的出版模式。在中国的大多数合作期刊中，“合作”的核心实际上是出版服务，中国机构持得完全的所有权。当然，也有中国机构和国际出版商共同拥有期刊的特例。

RSC也出版中国合作期刊，但这只是其整体科学内容战略的一个组成部分（即非独立存在的业务线）。RSC与中国化学会及3家学术机构以共同拥有的合作模式，分别出版了《有机化学前沿》（*Organic Chemistry Frontiers*）（2014年）、《无机化学前沿》（*Inorganic Chemistry Frontiers*）（2014年）和《材料化学前沿》（*Materials Chemistry Frontiers*）（2017年）。“化学前沿”（Frontiers）系列的推出是为了满足各个研究领域的出版需求，是在开放获取尚未成为常态的时候创办的。它们在RSC的混合模式期刊群中发挥着关键作用。随着学界需求的演变和向更易访问内容的转变，合作各方旨在继续倾听和满足这些需求，并愿意接受向开放获取过渡的机会。2022年，RSC与中国科学院过程工程研究所合作，推出了化学工程领域的旗舰金色开放获取期刊《工业化学与材料》（*Industrial Chemistry & Materials*）。

RSC是化学领域开放获取内容的先驱和领导者。我们在加快向开放获取的过渡。目前我们25%的期刊是金色开放获取期刊。我们的旗舰期刊《化学科学》（*Chemical Science*）是钻石开放获取期刊。我们现在有近300个开放获取转换协议。

4.10 施普林格·自然（Springer Nature）

施普林格·自然在过去20多年一直致力于将研究开放出来。旗下的BMC在2000年就率先发表开放获取内容，开创性的Springer Compact协议则为今天的转换协议铺平了道路。2021年，施普林格·自然成为第一家发表了100万篇开放获取研究论文和综述的出版机构。施普林格·自然拥有世界上最全面的开放获取出版物组合，并承诺到2024年有一半的内容以开放获取形式出版。

中国早已接受了开放科学，中国科学院和国家自然科学基金委员会是最先签署《关于自然与人文科学知识的开放获取的柏林宣言》的机构之一，越来越多的中国研究人员也已认识到让每个人都能免费获取研究成果的好处。施普林林格·自然通过为中国研究人员提供各种开放获取选项和高质量平台，为满足他们开放获取发表的需求发挥了积极作用。在施普林格·自然 2005—2021 年出版的100万篇开放获取论文中，中国和美国各占15%，高于任何其他国家；在过去3年（2019—2021年）中，中国在施普林格·自然的期刊上发表了最多的开放获取内容（占17%）。

作为全球最大的开放获取图书出版机构和开放获取图书模式的先驱，施普林格·自然自2012年推出开放获取图书计划以来，已经出版了1 500多本开放获取图书，其图书章节的下载量已超过2亿次。在中国，越来越多的作者选择通过开放获取方式出版图书，从而受益于开放获取出版。例如，清华大学刘知远教授的《自然语言处理的表征学习》（*Representation Learning for Natural Language Processing*）一书，自2020年在施普林格出版以来，全球下载量已超过33万次。

2019年，施普林格·自然与中国地质调查局签署了有关OA合作的谅解备忘录，是其在中国签署的首个机构层面的开放获取合作伙伴关系，以共同探索在开放获取丛书出版和数据库方面的合作，并由此积极开展与更多中国大学和研究机构在开放获取图书出版方面的合作。

自2011年以来，施普林格·自然一直是中国出版高质量开放获取学术期刊积极可靠的合作伙伴。目前已合作出版65种完全开放获取期刊，涵盖所有学科，在帮助中国发展相关学科和服务学术界需求方面发挥了重要作用。施普林格·自然目前是中国科技期刊卓越行动计划期刊项目最大的合作伙伴，其中6种名列领军项目期刊。38%的期刊已有影响因子，其中一些期刊已在其不同领域居于国际领先地位。

以《贫困所致传染病（英文）》（*Infectious Diseases of Poverty*）为例，该期刊是基于世界卫生组织“同一健康”（One Health）理念与中国疾病预防控制中心国家寄生虫病研究所合作推出的。由于其在开放获取和前瞻性战略方面的先发优势，在10年的时间里，它已经发展成一本真正具有国际影响力的期刊。其论文来自100多个国家或地区，并在120多个国家或地区被广泛访问。此外，施普林格·自然与中国顶尖机构合作，出版了5种NPJ系列期刊，发表高质量的开放获取研究，这属于颇具声望的《自然》（*Nature*）旗下期刊的一部分。

施普林格·自然还通过其他富有成效的合作伙伴关系，助力中国迈向开放科学。2018年，与中国科学院文献情报中心签署协议，让中国研究人员通过文献情报中心的GoOA平台就可以便捷地访问施普林格·自然的完全开放获取期刊和书籍。2021年，施普林格·自然与中国科学技术信息研究所结成伙伴关系，建立了联合实验室，以进一步推动中国的开放科学研究。

然而，在全球范围内，当作者决定在何处发表文章时，开放获取仍然没有被视为最优先选项，研究人员对开放获取的好处也认识不足。施普林格·自然愿与中国所有主要的利益相关者更紧密地合作，进行倡导、促进和教育，实施必要的技术变革，以衡量和展示开放获取的好处，支持中国并与中国一道推进开放科学。

值得一提的是，有研究[①]表明，83%的研究人员更喜欢阅读和在研究中引用论文正式发表后的版本，而不是作者最终稿和预印本。这增加了对即时金色开放获取的支持。进一步研究[②]的证据表明，与订阅的论文相比，金色开放获取论文具有更大的影响力。施普林格·自然将完全（金色）开放获取视为实现所有原创研究工作立即可得这一目标的最佳、最完整和最可持续的途径。

另外，我们发现，转换协议可以大大简化作者选择开放获取的过程，有助于各国积极过渡到开放获取模式。施普林格·自然目前有17项国家级转换协议，并将其从欧洲扩展到埃及和哥伦比亚等发展中国家，因为这些地方对开放获取的兴趣正在增加。

4.11 泰勒·弗朗西斯（Taylor & Francis）

泰勒·弗朗西斯认为，开放科学是扩大和传播研究成果的最佳方式，这些研究成果能够带来变革并最终改善人类福祉。我们的经验表明，实现开放科学的最佳方式是与整个科研生态系统的利益相关者互动，共同合作，创造新的实践和方法，造福科学发展。

泰勒·弗朗西斯一直大力投资构建可以使研究成果更具显示度、关联性和可用性的工作流程和系统，并为全世界的研究人员和科研产出使用者提供服

① https://www.springernature.com/gp/open-research/version-of-record.
② https://www.springernature.com/gp/open-research/about/oa-effect-hybrid.

务。作为出版商，我们的关键作用之一是以能最大限度发挥研究成果影响力的方式进行学术传播。我们正致力于推动采用符合最佳实践标准“永久标识符”（PIDs），这也是一系列跨出版商和行业倡议的一部分。

我们正在工作流程和内容系统中尝试新的技术，包括使用人工智能/自然语言处理工具（如Contextualised Copyediting服务和Journal Suggester工具）。我们还在期刊中尝试更加开放的同行评议形式，包括F1000，这种形式可以用更好的可见度和可信度展示审稿人对学术成果作出的贡献。

关于开放数据，泰勒·弗朗西斯签署了《FAIR原则》和《数据引用原则联合声明》。我们也是首批加入开放引文倡议（I4OC）的大型出版商之一。我们制定并推出了自己的数据共享政策，创建了一系列数据和材料共享选项，目的是增加支持和促进数据共享的期刊数量，增加数据存储量，扩大数据和重要研究资源的使用和重复使用的机会（包括引用数据和材料的能力）。

出版商可以在支持个人能力发展方面发挥重要作用，包括为研究人员提供有关审稿、出版和负责任的研究行为的培训。泰勒·弗朗西斯为作者、审稿人和编辑制定了广泛的培训计划，并为包括学协会和行业组织在内的合作伙伴提供指导和建议，如我们非常受欢迎的“研究人员如何改变世界”系列。我们同时还提供在线学习课程，研究人员可以按照自己的节奏进行学习。我们为青年研究人员提供多个培训模块，重点是开放研究、出版伦理和面向学术受众的写作能力。我们还有一个专门的出版道德和诚信团队，在研究伦理、科研诚信、出版道德和政策问题上提供专家建议和支持。

在新领域、新内容形式和新出版途径方面以中国为中心的创新实例如下所述。

2008年，泰勒·弗朗西斯与中国科学院对地观测与数字地球科学中心（AIR-CAS）和国际数字地球学会（ISDE）合作出版了《国际数字地球学报》（*International Journal of Digital Earth*）。2017年，我们创办了第一本跨学科的开放获取期刊《地球大数据（英文）》（*Big Earth Data*），促进了与地球系统相关的“大数据”的共享、处理和分析，扩大了这一长期合作。此次合作旨在为“地球大数据科学工程”（CASEarth）的重要成果创建一条清晰的发布途径。该项目是中国科学院2018年启动的A类战略性先导科技专项，旨在为地球科学中的大数据和云服务开发一个数据共享平台，并通过与《地球大数据（英文）》和《国际数字地球学报》主编、中国科学院院士郭华东教授的合作，支持新成立的可持续发展大数据国际研究中心（CBAS）。《地球大数据（英文）》支持开放和FAIR数据共享政策，以促进地球科学界推行FAIR原则，并发表关于大数据收集、管理、处理和分析的原创研究以及简短的数据论文，从而提高存储在知识库中的数据集的显示度和价值。

泰勒·弗朗西斯旗下F1000出版平台还开发了一系列开放研究出版解决方案，旨在提供一种创新的出版模式，特别是提供一种快速出版的途径，支持在整个研究周期中出版多种论文类型的选项。在中国，F1000与北京航空航天大学合作，发布了首个聚焦于“数字孪生”技术的开放获取出版平台。该公司还与遨博（北京）智能科技股份有限公司合作发布了面向合作机器人研究与应用的开放获取出版平台。

4.12 威立（Wiley）

威立是全球科研和教育领域的领导者，通过促进发现、赋能教育和塑造人才，来激发人的潜能。作为全球领先的开放获取出版商之一，威立持续致力于引领全球的开放获取发展。目前，威立拥有超过450种完全金色开放获取期刊和1 400余种混合期刊，涵盖约120种学科，并且已与40多家学术联盟及机构共同签署开放获取转换协议，促进了开放科学和研究成果的传播。威立在中国是开放科学联合体的理事单位，我们将不遗余力地贡献我们的经验与资源，支持中国在开放获取方面的研究与探索，帮助提升中国科研的世界影响力和话语权。此外，威立是全球领先的学协会出版商，旗下的1 700多种期刊中近60%是与科技社团合作出版的。威立一直与中国合作伙伴保持密切合作，共同探索多元化发展路径。威立的先进技术和全球最佳实践支持中国合作伙伴建设具有中国特色的世界一流科技期刊和世界一流科技社团。我们非常荣幸能与包括中华医学会杂志社、中国化学会、高等教育出版社、清华大学出版社在内的多家中国最具影响力的学术出版机构成为战略合作伙伴。同时，我们也在积极与中国快速发展的科技社团紧密合作，通过提供深度的出版服务支持、先进的平台技术及解决方案，帮助科技社团建立长期发展战略，并在国内外提升其学术影响力。

2020年，威立与中华医学会杂志社（CMAPH）签署了战略合作协议，威立通过提供世界一流的出版平台和服务，助力中华医学会杂志社提升出版能力和在全球医学领域的的影响力。威立和中华医学会杂志社建立了长期伙伴关系并将联合推出多个开放获取期刊，以促进中国与全球科研群体之间的学术交流，提升中国期刊的全球地位。2021年，由中华医学会杂志社和威立共同建设的运营和传播平台medNexus发布，平台包括4种新创办的开放获取期刊和2种现有期刊在内的6种期刊。

在物质科学领域，威立有着强大的品牌和优势，为中国创立了优质的Mat+品牌，并与多个中国大学合作，共同出版了《信息材料（英文）》（*InfoMat*）、*EcoMat*、《可持续发展材料》（*SusMat*）和《智能材料》（*SmartMat*）4种期刊，涵盖信息技术材料、绿色能源和环境材料、可持续发展材料和智能材料。

值得一提的是，《信息材料（英文）》已经成为一本新的开放获取旗舰期刊，为全球研究人员提供了高水平的研究交流平台。这本期刊专注于信息技术材料，将学术与工业研究有机联系起来，推动该领域的科技进步。2021年是该刊创办的第三年，其第一个影响因子为25.405。在威立先进的出版经验和中国合作伙伴强大的学科专业以及良好学术声誉的强强联合之下，《信息材料（英文）》成为了国际合作的典型成功案例。在主编、院士兼大学校长李言荣教授带领的全球编辑团队的共同努力下，该期刊为作者提供了专业的同行评议服务以及快速的评议流程；发挥开放获取模式的优势，论文不仅一出版就可以被立即免费阅读、下载和引用，而且前3年还免收论文处理费。此外，在创刊初期，在一系列热点专题的推动下，《信息材料（英文）》很快吸引了众多研究人员的关注和支持。

威立还与英国工程技术学会（IET）以及包括中国电力科学研究院（CEPRI）和中国电子学会在内的多家中国机构合作，在中国出版电气工程和计算机科学期刊，其中有《高电压（英文）》（*High Voltage*）、《电子学报（英文）》（*Chinese Journal of Electronics*）和《智能技术学报》（*CAAI Transactions on Intelligence*

Technology)。通过合作，威立和英国工程技术学会还成功地将这些期刊中的大多数转换为金色开放获取模式。同时，威立和英国工程技术学会还在中国不断积极拓展新的合作伙伴创办新刊。例如，2020年与国网经济技术研究院（SPERI）联合创办了《能源转换与经济》（*Energy Conversion and Economics*）期刊。

4.13 威科（Wolters Kluwer）

作为医学和护理领域的领先出版商之一，威科自2012年开始在中国开展科技期刊出版。最初，威科在其Medknow期刊品牌下有40多本开放获取期刊在中国出版。从2018年起，威科将其在中国的医学出版重点转向其高端品牌Lippincott。目前威科Lippincott通过与中国有影响力的学协会、大学和研究机构包括中华医学会、北京大学、浙江大学、山东大学等合作出版了19种期刊。所有期刊都是完全开放获取的，其中13种期刊已入选中国科协的中国科技期刊资助计划。

与中国的学术期刊出版战略相一致，威科旨在帮助中国的合作伙伴出版高标准的国际开放获取期刊。鉴于威科在中国合作出版的大多数期刊都处于起步阶段（最近5年创刊），威科专门为新的开放获取期刊起步和发展建立了一个高效的工作流程，包括通过威科成熟的开放获取期刊的出版人和编辑介绍最佳出版和编辑实践以及经验，用以培训新编辑；更加定制化的涵盖语言、出版伦理、数据分析等的出版和编辑服务；提供全球和本地的市场支持。利用威科特有的市场渠道，中国合作期刊的显示度得到显著增加，读者群国际化程度高——超过一半的论文浏览量和下载量来自中国以外的国家或地区。

除了在中国加大投资并探索开放获取出版合作外，威科还积极向学术界和公众宣传推广开放获取和医学研究。在开放获取出版研究方面，威科于2021年与中国科学技术信息研究所和中国科学院文献情报中心建立了两个联合实验室，致力于开放获取期刊发展和医学研究评价。在学术社群和受众层面，威科与中国重点大学和重要医院合作，组织网络研讨会，帮助医生和医学研究人员更好地了解开放获取期刊，提高他们在研究设计和学术论文写作和出版方面的技能。

结语

本报告从广义上（第1章）和中国的具体情况（第2章）两个维度对开放获取出版进行了阐释。我们希望这有助于世界各地从事学术传播工作的人提高对开放获取出版实践的认识。读者可以从中国和其他地方出版实践和趋势的异同中得出自己的结论。我们注意到，如图1-1 Scopus数据所示，全球金色开放获取期刊论文数量加速增长；国际文献中来自中国的开放获取论文也是如此，Scopus数据（图1-2）和中国科协的数据（图2-3）都说明了这一点。2020年，全球30%的论文是金色开放获取的，国际期刊上来自中国的论文比例略低。除了这些金色开放获取的趋势外，第2章还介绍了中国的一些举措，鼓励期刊采用开放获取出版模式。

开放获取出版的诚信问题

如第3章所述，在开放获取实践中出版商促进科研诚信的努力至少和传统出版中同样重要。出版商工作流程中的各种活动、同行评议的管理、跨机构信息共享的设施和工具的创建，对维护科研生态系统中学术交流的信任和有效性至关重要。与世界其他地方一样，中国的出版单位和广大学术共同体也同样关注并尽力确保出版工作的诚信。

国际出版合作

全球范围内学协会、科研院所和出版商之间存在着大量的合作，这有助于学术出版的全面发展和进步，并确保人们对学术传播生态系统的高度信任。在过去的30年里，国际出版商和中国出版业之间的合作一直在加速。第4章介绍了此类合作的各种案例，这些合作对中国科研人员以及全球学术界都很有益处。中国科协和STM都认为，这种互利合作应该继续下去，并将为此共同努力。

中国科协和STM于2021年签署了一份谅解备忘录，以扩大双方的交流和合作。本报告分享开放获取出版领域的见解和最佳实践，是这种合作的一个新进展。中国科协和STM一致认为，这样的交流（特别是更广泛的关于开放科学的对话）对所有为此而努力的人都是有益的。

中国科协对中国开放获取出版的展望

从本报告的数据分析可以看出，中国的开放获取出版发展迅速，已成为全球开放获取非常重要的力量。但从整体看，中国的开放获取出版，尤其是国内数量可观的中文科技期刊还有很大的提升空间。未来，中国科协将积极推动国内开放获取政策、标准和基础设施建设，探索构建适合中国国情的开放获取出版体系。

附录

附录一　报告所含链接列表

这些链接按所引用组织的字母顺序列出，检索日期为2022年8月12日。

请注意，在上面的文本中，通常只在第一次提及某组织或出版物时添加URL链接（如果有并可以打开），而后续不再赘述。

A

The Academic Exchange Platform for Research Achievements in Prevention, Control, Diagnosis and Academic Misconduct Literature Check (AMLC)

Pneumonia

ACS Omega

Acta Agronomica Sinica

Acta Geochimica

Acta Geodaetica et Cartographica Sinica

Acta Orthopaedica et Traumatologica Turcica

Acta Psychologica Sinica

Advances in Atmospheric Sciences

Aerospace Information Research Institute

African Journals Online (AJOL)

American Association for the Advancement of Science (AAAS)

American Astronomical Society

American Journal Experts

Association for Computing Machinery

Annual Reviews

ArXiv

ASAPBio

B

Berlin Declaration on Open Access to Knowledge in the Sciences and Humanities

Bethesda Statement on Open Access Publishing (2003)

Biodiversity Science

Big Earth Data

Big Earth Data Science Engineering Program (CASEarth)

Biotechnology Bulletin

BioRXiv

Blue Book of the Pitfall of Using a Third Party Editing Agencies in Scholarly Publishing

Blue Book on China's Scientific Journal Development (2020)

Blue Book on China's Scientific Journal Development (2021)

BMC

Brill

Budapest Open Access Initiative

C

CAAI Transactions on Intelligence Technology

CAS Institutional Repositories Grid (CAS IR GRID)

California Digital Library

CAS Science and Technology Paper Pre-publication Platform (ChinaXiv)

Cell Research

Horticulture Research

Center for Chinese Linguistics PKU

China Academic Library & Information System (CALIS)

China Academic Journals (CD Edition) Electronic Publishing House Co., Ltd

China Association for Science and Technology (CAST)

China Cyberspace Endogenous Safety & Security Technology and Industry Alliance (CCES)

China Educational Publications Import and Export Corporation Ltd

China Electric Power Research Institute (CEPRI)

China Geological Survey

Chinese Institute of Electronics

China Library and Information Archives

China Open Access Journals (COAJ)

China Preprint Service System

China Science and Technology Resource Sharing Network

China Scientific Data

ChinaXiv

China Science and Technology Paper Online (Sciencepaper online)

Chinese Academy of Engineering

Chinese Academy of Medical Sciences Biomedical Scientific Papers Preprint System (biomedrxiv)

Chinese Academy of Sciences (CAS)

Chinese Academy of Social Sciences

Chinese Journal of Electronics

Chinese Journal of Plant Ecology

Chinese Medical Association (CMA)

Chinese Medical Association Publishing House Co., Ltd

Chinese Medical Doctor Association

Chinese Open Research Cloud (CORC)

Chinese Physics B

Chinese Preventive Medicine Association

Chinese Society of Biotechnology

CHORUS

CIESC Journal

CLOCKSS

CNKI

Copyright Clearance Center (CCC)

Commission on Preservation and Access

Committee on Publication Ethics (COPE)

Confederation of China Academic Institutional Repository (CHAIR)

CrossCheck

CrossRef

Cultural Anthropology

D

DataCite

Data Intelligence

Directory of Open Access Journals (DOAJ)

E

EcoMat

Ecosystem Health and Sustainability

Editage

EDP Sciences

Elsevier

Enago

Energy Conversion and Economics

European Economic Review

F

14th Five-Year Plan

F1000

French National Centre for Scientific Research (CNRS)

Figshare

Fundamental Research

G

Global Science Press

GoOA

H

High Voltage

Horizon Europe

Horticulture Research

How Can I Share It

I

IEEE

Infectious Diseases of Poverty

InfoMat

Institute of Medical Information

Institute of Rock and Soil Mechanics, CAS

Institute of Scientific and Technological Information of China (ISTIC)

Institute of Psychology, CAS

Institution of Engineering and Technology (IET)

Institute of Vertebrate Paleontology and Paleoanthropology, CAS

International Academy of Sciences (IAP)

International Association of Scientific, Technical and Medical Publishers (STM)

International Journal of Digital Earth

International Network for the Availability of Scientific Publication (INASP)

International Research Center of Big Data for Sustainable Development Goals (CBAS)

International Science Council

International Society for Digital Earth (ISDE)

Internet Archive

IOP Publishing

ISSN International Centre

ISSN International Centre's KEEPERS registry

J

JASPER

Journal of China Coal Society

Journal of Global Change Data & Discovery

The Journal of North Western Polytechnical University

Journal of Plant Nutrition and Fertilizer

J-STAGE

Jxiv

K

Knowledge Unlatched

Kudos

L

Latin American and Caribbean Center on Health Sciences Information (BIREME)

League of European Research Universities (LERU)

LOCKSS

M

Max Planck Institute

Maverick Publishing Specialists

MedKnow

Microbiology Society (MS)

N

National Council for Scientific and Technological Development (CNPq)

National Press and Publication Administration

National Science and Technology Library (NSTL)

National Science Library of the Chinese Academy of Sciences (NSLC)

National Science Review

National Social Sciences Database (NSSD)

National Natural Science Foundation of China (NSFC)

NISO

NursRxiv

O

Oable

OCLC

Office of the Chief Scientist (OCS)

Open Access Licensing - Making Open Access Licensing Work

OpenDOAR

Open Library of the Humanities (OLH)

Open Repository of National Natural Science Foundation of China (NSFC-OR)

Open Research Europe (ORE)

Oxford University Press

P

PANGEA

PeerJ

Peer Review Terminology Project

Peking University

Plan S

PLoS

PLoS Biology

PLoS Medicine

PLoS ONE

Principles of Transparency and Best Practice in Scholarly Publishing

Projekt DEAL

Public Knowledge Project Preservation Network (PKP-PN)

R

Research4Life

Research Libraries Group (RLG)

Retraction Watch

RightsLink (CCC)

Royal Society

Royal Society of Chemistry (RSC)

S

S20 Community of Practice

SAGE Open

São Paulo Research Foundation (FAPESP)

Scholix

Science Advances

Sciencepaper Online

Sciendo (De Gruyter Open)

SciEngine

Scientific Electronic Library Online (SciELO)

Scientific Reports

Scopus

Shanghai Jiao Tong University

Share-Link-Cite

Sleep

SmartMat

SocArXiv

Socolar

SSRN

Stanford University

Stem Cells

STM Integrity Hub

STM Global Brief 2021 – Economics & Market Size

The STM Report 2018 – An Overview of Scientific and Scholarly Publishing

Sun Yat-sen University

SusMat

T

Taylor & Francis

Think. Check. Submit.

U

UNESCO

UNESCO Recommendation on Open Science

Unmanned Systems

W

Web of Science

White House Office of Science and Technology Policy (OSTP)

WHO

World Medical Association

World Scientific Publishing

Wiley

Wiley Online Library

Wiley's Open Access Dashboard

Wolters Kluwer

Wuhan University Journal of Natural Sciences

Z

Zhejiang University

附录二 贡献者

编者

Mark ROBERTSON，顾问

任胜利，《中国科学》杂志社总编辑

David WEINREICH，STM美洲公共事务总监

颜帅，STM中国顾问

张铁明，中国高校科技期刊研究会理事长、北京林业大学期刊编辑部常务副主任

张昕，中国高校科技期刊研究会秘书长

中国科协项目编写团队

陈哲，中国图书进出口（集团）有限公司数字发展中心副主任

邓履翔，中南大学出版社《交通安全与环境（英文）》副主编、编辑部主任

丁佐奇，中国药科大学《中国天然药物（英文）》编辑部主任

高霏，中国地质大学（北京）《地学前缘（英文版）》编辑部科学编辑

顾立平，中国科学院文献情报中心研究员

贺柳，重庆理工大学期刊社《智能技术学报（英文）》编辑部主任

姜璐璐，中国科学院计算机网络信息中心大数据部数据出版与数据工程实验室副主任

刘筱敏，中国科学院文献情报中心研究馆员

栾嘉，《陆军军医大学学报》编辑部科学编辑

马峥，中国科学技术信息研究所研究员

秦小川，河南中医药大学学报编辑部编辑

王维朗，重庆大学期刊社《纳米材料科学（英文）》编辑部主任

魏莎莎，《海军军医大学学报》（原《第二军医大学学报》）英文编辑

徐佳忆，重庆理工大学期刊社《智能技术学报（英文）》编辑部副主任

颜永松，重庆大学期刊社《纳米材料科学（英文）》编辑部编辑

余党会，《海军军医大学学报》（原《第二军医大学学报》）编辑部主任

赵艳，中国科学院文献情报中心数据资源部主任、研究馆员

周园春，中国科学院计算机网络信息中心副主任

STM 编写团队

Todd CARPENTER, NISO 执行董事，第 3.7 节特邀撰稿人

Lucy DERGES, STM 研究经理

Mark GARLINGHOUSE, STM 顾问

Barbara KALUMENOS, STM 公共事务总监

Melinda KENNEWAY, Kudos 首席执行官兼联合创始人，第 3.8 节特邀撰稿人

Joris Van ROSSUM, STM 科研诚信总监

Alicia WISE, CLOCKSS 执行主任，第 3.9 节特邀撰稿人

附录三　致谢

在本报告编写过程中，刘世华先生（科睿唯安/北京）、白洁女士（施普林格·自然）和沈岑育女士（DOAJ）提供了相应的数据支持。许洁教授（武汉大学）、韩燕丽女士（CNKI）、张彤副编审（《南京理工大学学报》）、唐慧副编审（《石河子大学学报》）、刘志强编审和张芳英副编审（上海大学期刊社）参与了中国科研人员开放获取认知问卷的设计。一些学科专家和图书馆、信息和出版领域的专家对报告的内容提出了建设性建议。在此，对他们的支持与帮助表示衷心的感谢。